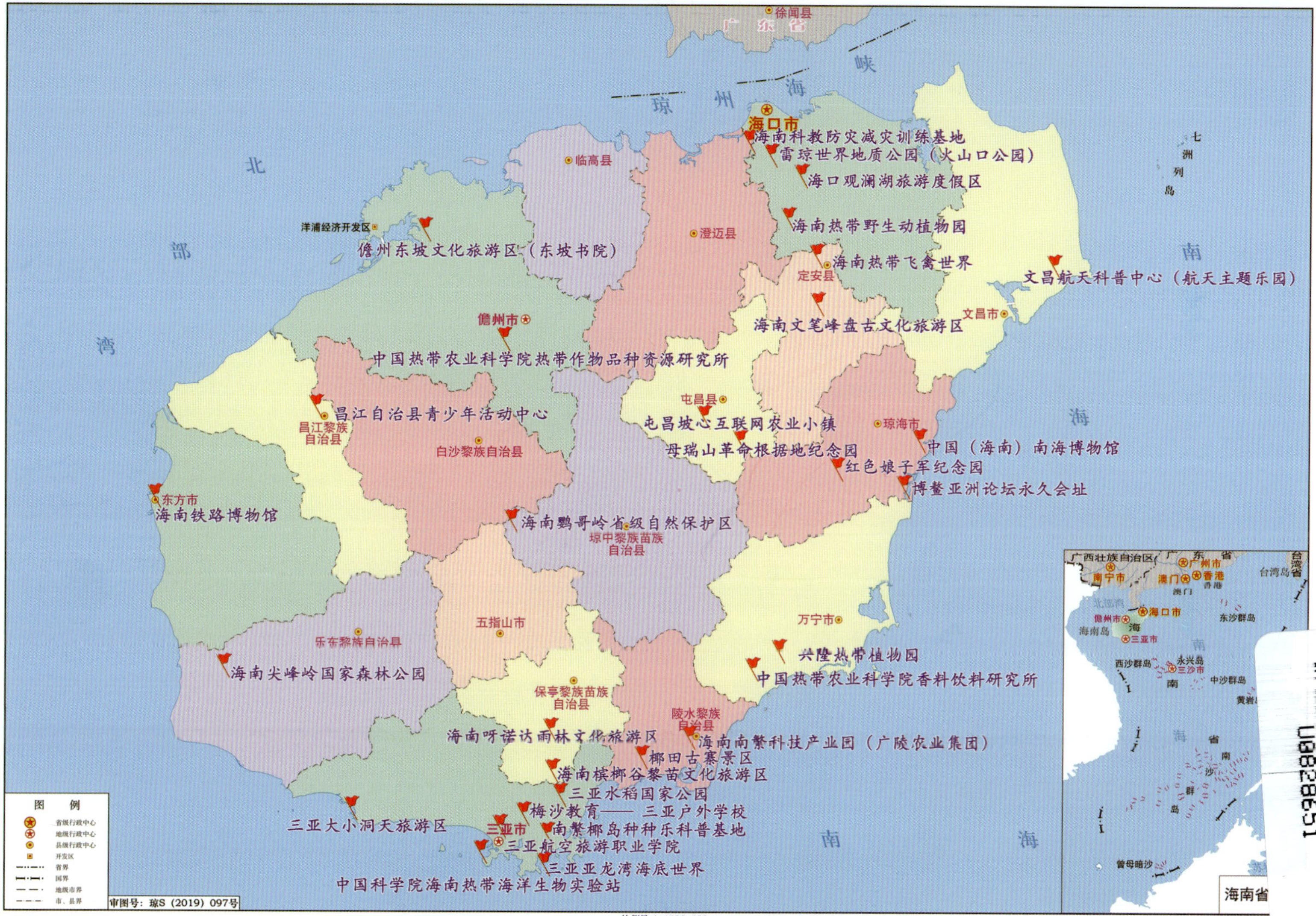

海南省研学旅行实践教育基地点位图

【国家级基地】

文化海野 · 生态海野 · 科技海野 · 公益海野

海南热带野生动植物园 Hainan Tropical Wildlife Park and Botanical Garden

海南热带野生动植物园是集珍稀野生动植物科普博览、保护繁殖、观光旅游、休闲度假于一体，具有国际水准的热带野生动植物王国。是一家全景式展现岛屿型热带雨林生态系统、浓缩海南岛动植物精华的天然博物馆。海南热带野生动植物园为国家 4A 级旅游景区、全国科普教育基地、全国林业科普教育基地，并于 2018 年获评海南省中小学生研学旅行基地、全国中小学生研学实践教育基地。

尚晓女士
SHANG XIAO

尚晓女士，海南热带野生动植物园有限公司董事长，海南省旅游协会副会长、海南省野生动物保护协会副会长、海南省林业协会副会长、海口旅游景区协会会长、海口市工商联合会副主席。尚晓女士热爱教育，热爱科普，具有强烈的社会责任感，立志把全身精力投入科普教育的事业。园区于 1996 年建成开业，每年接待学生人数近 10 万人次，成为海南众多学校真正的第二课堂。

海南热带野生动植物园以优质的生态环境和丰富的动植物资源，为中小学生提供了深入了解海南特色热带生态系统和生物多样性的机会，海野国际自然教育中心为此专门设计热带特色动植物研学活动和课程，设计“海野动植物大讲堂”“海野动物大营救”“我为熊猫种竹子”“文明旅游小使者”等多款研学产品，以求知、学习、探索、体验为主旋律，使用谐趣且通俗易懂的科普语言，通过使用集“看、听、闻、尝、摸”为一体的讲解教学方式，在提升学习乐趣的同时，让学生们真正做到“研有所值、学有所思、旅有所乐、行有所获”。

中国雷琼世界地质公园海口园区

火山口

雷琼世界地质公园（火山口公园）是我国唯一的热带城市火山群世界地质公园。也是海南省第一家由联合国教科文组织确认具有突出而重要价值的世界级旅游景区，是香港生态旅游专业培训中心在内地的首家培训基地，先后被评为“海南省优秀旅游景区”“海南省十佳景区”、国家4A级旅游景区、国家地质公园。

火山口公园有三大旅游价值资源：一是火山地质文化资源，开发地质研学，展示火山地质文化；二是火山生态文化资源，开发生态研学，展示热带火山生态价值；三是火山民俗文化资源，开发民俗研学，展示火山历史人文价值。

海口火山口公园属于地堑－裂谷型基性火山活动地质遗迹，也是中国为数不多的全新世（距今1万年）火山喷发活动的休眠火山群之一，具有科考、科研、科普和旅游观赏价值。本地的火山生物多样，包括有1000多种火山植物，几十种热带水果和多种火山动物都具有其本地的特色；火山文化的石村、图腾、石器与当地人生活息息相关，火山人创造了特有的生活方式和独特的精神世界，把沉睡了多年的火山文化展现在世人的面前。

海口市秀英区石山镇风景路火山口公园

【国家级基地】

行千里路　读万卷书

儋州东坡书院研学实践教育探索

全国重点文物保护单位
国家级中小学研学实践教育基地
中国国家画院书法篆刻创作基地
国家非物质文化遗产儋州调声传承基地
海南省中小学生研学实践教育基地
九品香莲种植加工产业基地

基本概况：

东坡文化旅游区位于海南省儋州市中和古镇东郊，占地面积约 400 亩。东坡书院是东坡文化旅游区的核心景点，其前身为“载酒堂”，始建于北宋元符元年（1098 年），是苏东坡在儋州留下的重要文化遗迹之一；明嘉靖二十七年（1548 年）“载酒堂”更名东坡书院；1996 年东坡书院被列为全国重点文物保护单位，成为海南著名的文化旅游胜地；2018 年东坡书院先后被定为“海南省中小学生研学实践教育基地”和“国家中小学生研学旅游教育基地”。

东坡书院环境优美，生态和谐，古木幽茂，群芳竞秀。书院内有闻名遐迩的百年芒果树、滑桃树、古榕树，还有狗仔花等奇花异木；书院前面东坡湖碧波荡漾，荷香四溢，栈道水榭，景随步移；近几年，东坡景区积极致力于提升教育游学功能。同时，景区正在增建“劝学园”“劝和园”“劝耕园”等一批新景点，与东坡书院形成互补，还将增设数字化展演场所，拓展文化体验内容和感悟空间，为中小学生研学活动提供更优越的条件，让学生在快乐的游学旅行中陶冶情操、开阔视野、增长见识、提高素质。

精品项目介绍：

【精品一】景区游览
【精品二】私塾课堂
【精品三】文物拓片体验
【精品四】书法创作体验
【精品五】雕版印刷体验
【精品六】泛舟东坡湖
【精品七】观赏东坡乐坊

东坡湖水面宽阔，碧波荡漾，湖面荷叶田田，荷香四溢，
堤岸杨柳依依，景致非常优美。学生泛舟湖中，
开展亲水活动，能够赏荷花，采莲蓬，感受苏东坡诗中
所描写的“翻空白鸟时时见，照水红蕖细细香”的美丽景象。

■ 儋州东坡文化旅游区建设有限公司

【国家级基地】

国家文化产业示范基地

海南呀诺达雨林文化旅游区

呀诺达 研学基地

海南呀诺达雨林文化旅游区是中国唯一地处北纬 18 度的热带雨林，是海南省第一个充分展示和表现海南热带雨林“绿色生态文化”的综合性主题景区，已荣获国家 5A 级旅游景区、“国家文化产业示范基地”称号。景区长期秉承“大生态、大文化、大教育、大旅游”的发展理念，以丰富的热带雨林生态资源为基础，努力探索旅游与教育的融合，积极为各大校企社团提供完善的研学旅游平台。

景区针对中小学生开发了自然科普课堂、民俗体验课堂、体验拓展课堂等 10 余项研学课程，还成功设立三亚市第九小学研学基地、杭州启正中学研学基地，先后被评定为“海南省首批中小学生研学实践教育基地”“港澳青少年游学基地”“全国中小学生研学实践教育基地”，入选省教育厅、省旅游和文化广电体育厅联合公布的海南省中小学生研学旅行精品线路，研学旅行取得了丰硕成果。

海南省保亭县三道镇

【国家级基地】

兴隆热带植物园 Xinglong Tropical Botanical Garden 中国·海南

兴隆热带植物园

中国热带农业科学院香料饮料研究所 研学基地
兴隆热带植物园 研学基地

中国热带农业科学院香料饮料研究所（兴隆热带植物园）始建于 1957 年，是国内一家专业从事热带香料饮料作物产业化配套技术研究的综合性科研机构，也是一座集科研、科普、生产、加工、观光和种质资源保护为一体的综合性热带植物园。基地收集保存有独具特色的热带、亚热带植物资源3200多种，先后获得“国家4A级旅游景区”、第二批“全国中小学生研学实践教育基地”“海南省首批中小学生研学实践教育基地”“中国青少年教育基地”“全国科普教育基地”“全国农村科普示范基地”“全国青少年农业科普示范基地”“全国中小学质量教育社会实践基地”“全国科普工作先进集体”“《全民科学素质行动计划纲要》实施工作先进集体”等荣誉称号。

基地有一支种质资源、园林园艺、产品加工等学科专业组成的研学团队，其中博士、硕士学历人员 50 多人。打造了“博士大讲堂”研学品牌，开发有“奇妙的热带雨林”“可可文化与巧克力制作体验”“有趣的昆虫世界”“植物生长的秘密”等 24 项研学课程与活动。我们致力于打造国内一流的中小学生研学实践教育基地，世界一流的热带香料饮料作物科技创新中心、热带农业科技成果转化基地、热带生态农业示范基地。

海南科教防灾减灾训练基地

海南科教防灾减灾训练基地是海南省首批省级中小学生研学旅行实践教育基地及海南省唯一以提高全民安全意识与防灾减灾技能的训练基地。自成立以来一直秉持“服务社会，服务人民”的宗旨进行中小学生研学旅行、素质拓展、国防教育、公共安全宣传和防灾减灾技能培训，在海南省内赢得了良好的社会效益及广泛的社会好评，为平安幸福海南贡献了坚实力量，多次获得中国网、凤凰网、南海网、热带播报、海南日报、海口日报、海南卫视、南国都市报、国际旅游岛商报等多家新闻媒体的广泛报道。

董事长黄仕发曾亲身经历“5·12”汶川特大地震，目睹灾区同胞安全意识薄弱，逃生技巧匮乏，立志将提升广大民众安全意识和防灾减灾救灾技能作为毕生追求。为进一步提高防灾减灾研学活动的效果，邀请海南师范大学、海南大学等著名高校资深教授及中小学校的高级教师根据青少年的身心发展特点，构建了较为完善的防灾减灾研学课程体系，并组建了实力雄厚的导师团队。

基地力求学生做到“研有所思，学有所获，旅有所感，行有所成”，在体验式教育中培养孩子的社会责任、创新精神、实践能力和生活技能，让学生真正体验到“生命的能量在脚下，最好的课堂在路上”。

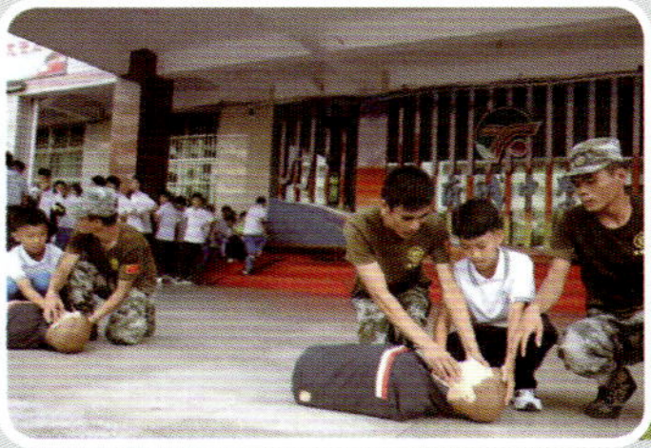

椰田古寨

守护海南精神家园 传承黎苗非遗文化

陵水椰田古寨景区位于海南省陵水黎族自治县东线高速英州出口处，地理位置优越，景区交通十分便捷，距陵水县中心城区 25 千米，距三亚市 40 千米，是海南省“大三亚旅游经济圈”的重要组成部分。椰田古寨以陵水地区深厚的黎族苗族文化底蕴和丰富的非遗资源为依托，打造了“民族风情区、民族美食区、非遗手工文化区、黎苗手工集市”四大主题区。是一家集黎苗民俗风情、休闲娱乐、黎苗文化观光为一体的国家 3A 级旅游景区。

非遗技艺体验研学基地

椰田古寨黎苗族文化旅游区秉承“守护海南精神家园，传承黎苗非遗文化”的发展理念，持续发掘和传承海南本地的黎苗族非遗技艺，先后被评定为“陵水县非物质文化遗产技艺产品展示中心”“黎锦制作培训基地”，集中展示海南黎族和苗族非遗技艺。在创建黎族苗族文化研学旅行工作中，累计接待中小学生 1.27 万人次。历经了“百花齐放 · 传承保护”“总结提炼 · 主题明确”“外出学习 · 精准创新”“国际交流 · 弘扬传播”四个发展阶段，现已形成集非遗表演、展示、教学、体验于一体的非遗技艺体验研学基地。

大小洞天研学基地

三亚大小洞天旅游区

三亚大小洞天旅游区是国家风景名胜区、全国科普教育基地，位于三亚市以西 40 千米处的南山山麓，毗邻崖州古城，南面临海，距离三亚凤凰机场 30 千米，距离西线高速入口 3.5 千米。景区始创于南宋（1187 年），是海南省历史最悠久的风景名胜，是中国最南端的道家文化旅游胜地，自古因其奇特秀丽的海景、山景、石景与洞景被誉为“琼崖八百年第一山水名胜”。2005 年 12 月，获评“国家 4A 级旅游景区”；2007 年 5 月，获评“国家 5A 级旅游景区”。景区景源包括海滨沙滩景观、

海岸岛礁景观、热带雨林风光、风土人情等众多的景观资源。根据《风景名胜区规划规范》中关于风景资源的分类标准，大小洞天的风景资源可分为自然景源和人文景源共两大类。2019 年 8 月荣获全国青少年户外体育活动营地称号。2019 年 1 月荣获三亚市第一批全域旅游研学旅行实践基教育基地称号，截至 2019 年 7 月，景区共计接待人数 8.5 万人次，同时与三亚市各大幼儿园，中小学均建立长期良好的合作关系，在三亚地区研学行业具备一定影响力。

【广陵农业研学基地】

海南广陵高科实业有限公司

创立于素有“育种天堂”美誉之称的海南省陵水黎族自治县的海南广陵高科实业有限公司，是一家生产经营两系、三系杂交水稻亲本种子和杂交水稻良种，并为南繁科研单位提供科研、生产、生活服务的农业综合性企业。主要业务包括：南繁科技服务，杂交水稻亲本繁殖及良种生产，技术产品合作研发。创建10余年来广陵高科始终坚持“敢为人先谋发展，创新服务求共赢”的企业精神，在从事南繁科研育种的同时，致力打造南繁公共服务平台，通过科研服务、生产服务、生活服务等，为南繁科研单位提供优质服务，独创出“订单式、菜单式和保姆式”三种南繁服务模式，得到农业农村部和科研工作者的一致好评。

广陵高科以园区为载体，以科技为主导，建有2万多亩种子南繁科研育种生产基地，拥有2个院士工作站，配套建设2个南繁公共实验室；享有自主知识产权或独占经营权品种16个、发明专利技术5项。致力于为科学搭台，让专家唱戏，为学术搭台，为南繁发声，为研学旅行的学子提供场地及专家答疑，并致力于南繁科普知识宣传，积极参与公益事业，回报社会。

知研文化 研学旅行

海南知研文化传播有限公司

公司注册资本500万元，经海南工商注册登记，拥有10年教育科技服务经验的顾问，20多年旅行从业经验的专业人才，教育界30年以上教龄的教育专家任名誉顾问，旅游从业5年以上经验的导游150名，5年研学经验的专业研学辅导师10名，国内各地研学合作单位达50家以上。

主营业务

研学旅行 夏冬令营 亲子旅游 拓展培训 社会实践 教育服务
课程研发 红色教育 党建培训 活动策划 军营训练 文化会展

我们的原则

研学旅行 安全第一 教育实践 知行合一 教育为先 研有所获

我们的优势

独家资源 一手采购 专业设计 精致操作
竭诚服务 注重品质 强强联合 专业队伍

海南
研学旅行指导

HAINAN
YANXUE LVXING ZHIDAO

唐少霞　赵志忠　谢祥项　编著

中国社会出版社
国家一级出版社·全国百佳图书出版单位

图书在版编目（CIP）数据

海南研学旅行指导 / 唐少霞，赵志忠，谢祥项编著．
—北京：中国社会出版社，2019. 12
ISBN 978 - 7 - 5087 - 6277 - 7

Ⅰ. ①海…　Ⅱ. ①唐…　②赵…　③谢…　Ⅲ. ①中小学生 - 素质教育 - 研究 - 海南　Ⅳ. ①G631

中国版本图书馆 CIP 数据核字（2019）第 295429 号

书　　名： 海南研学旅行指导
编　　著： 唐少霞　赵志忠　谢祥项

出 版 人： 浦善新
终 审 人： 王　前
策划编辑： 刘孝畅
责任编辑： 郑双梅

出版发行： 中国社会出版社　　　邮政编码：100032
通联方式： 北京市西城区二龙路甲 33 号
电　　话： 编辑部：（010）58124831
邮购部：（010）58124848
销售部：（010）58124845
传　真：（010）58124856
网　　址： www. shcbs. com. cn
shcbs. mca. gov. cn
经　　销： 各地新华书店

中国社会出版社天猫旗舰店

印刷装订： 河北鸿祥信彩印刷有限公司
开　　本： 170mm × 240mm　1/16
印　　张： 12. 25
字　　数： 200 千字
版　　次： 2020 年 4 月第 1 版
印　　次： 2020 年 4 月第 1 次印刷
定　　价： 38. 00 元

中国社会出版社微信公众号

本书是国家自然基金（41361108）后续研究基金项目、海南省高等学校教育教学改革研究重点项目（Hnjg2020ZD-20）、海南省特色重点学科——地理学科及海南师范大学优势学科——地理学科的研究成果。

《海南研学旅行指导》编委会

顾问： 林　强　陈　力　程叶青　沈有建

编著： 唐少霞　赵志忠　谢祥项

编委会成员及单位：

周正权　三亚童愿教育投资有限公司
甘国华　路途亲子·一站式玩学平台
（海南禹讯科技股份有限公司）
王晓健　海南陵水椰田古寨黎苗文化旅游区
符永权　海南中学
马飞燕　海南中学
陈运敏　海口市教育研究培训院
吴多仿　海南白驹学校
于俊玲　海口市一中
叶华荣　海口市九小
华金平　儋州市三中

序

研学旅行是中小学综合实践活动的重要方式，是各个学段课程方案中的必修课程，是学校教育和校外教育相结合的一种创新形式。通过研学旅行丰富和提升“研究性学习”的品质、突出“旅行体验”的实践特性，是落实学生综合实践活动课程的具体体现，是全面实施素质教育的重要载体。

《海南研学旅行指导》一书秉持立德树人的价值追求，围绕学生德智体美劳全面发展的主线，充分挖掘和利用海南各研学旅行基地的特色资源，设计开发出内容丰富，趣味性强，能满足学生深入探究和多元化学习需求的课程，让学生通过体验性、研究性学习，在自然和社会的大课堂中进一步提升终身发展所需的正确价值观、必备品格和关键能力，促进学生全面而有个性地发展。

研学旅行重在“行中研”“行中学”，强调学生的主体作用和实际参与。在课程改革不断深化的今天，研学旅行活动更加关注课程的育人价值和实施效果，更加强调促进学生核心素养的培育和发展。如果说核心素养的形成离不开基于实际问题建构知识和应用知识解决实际问题，那么，“研学旅行”恰恰是一个以旅行实践为形式的发现问题、思考问题、解决问题的完整过程，从而成为培育学生核心素养的重要手段。

唐少霞教授带领的团队，遵循课程开发的规范要求，充分利用海南本地资源，整理编制了30个研学方案，形成了《海南研学旅行指导》一书。该书主题新颖，针对性强，研学课程目标明确、具体、科学，注重研学活动的文化性、科技性、自主性和社会性，强调对学生观察能力和思维能力的培养。该书既为各中小学及研学旅行机构开展研学旅行培训及研学旅行活动提供具有现实意义的素材，也为家长深入了解海南各研学基地实际开设的课程内容提供参考，是一本颇有价值的地域性研学旅行指导手册。

海南省教育培训院：陈力

目　录

引言 ………………………………………………………………………… 001

★国家级研学基地 ……………………………………………………… 007

海南热带野生动植物园研学方案 ……………………………………… 008

雷琼世界地质公园（火山口公园）研学方案 ………………………… 012

儋州东坡文化旅游区（东坡书院）研学方案 ………………………… 016

海南呀诺达雨林文化旅游区研学方案 ………………………………… 021

中国热带农业科学院香料饮料研究所（兴隆）研学方案 …………… 025

★省级研学基地 ………………………………………………………… 033

海南科教防灾减灾训练基地研学方案 ………………………………… 034

三亚大小洞天研学方案 ………………………………………………… 038

★明星基地 ……………………………………………………………… 043

陵水椰田古寨景区研学方案 …………………………………………… 044

南繁椰岛种种乐研学方案 ……………………………………………… 049

海南南繁科技产业园（广陵农业集团）研学方案 …………………… 053

☆国家级研学基地 ……………………………………………………… 057

文昌航天科普中心（航天主题乐园）研学方案 ……………………… 058

母瑞山革命根据地纪念园研学方案 …………………………………… 061

中国（海南）南海博物馆研学方案 …………………………………… 066

海南槟榔谷黎苗文化旅游发展有限公司研学方案 …………………… 070

海南铁路博物馆研学方案 ……………………………………………… 075

海南鹦哥岭国家级自然保护区（鹦哥嘴分站）研学方案 …………… 078

中国热带农业科学院热带作物品种资源研究所（儋州）研学方案 …… 081

坡心互联网农业小镇研学方案 ………………………………………… 085

☆**省级研学基地** …… 091
海口观澜湖旅游度假区研学方案 …… 092
海南热带飞禽世界研学方案 …… 097
海南文笔峰盘古文化旅游区研学方案 …… 100
博鳌亚洲论坛永久会址研学方案 …… 103
红色娘子军纪念馆研学方案 …… 107
三亚亚龙湾海底世界研学方案 …… 110
三亚航空旅游职业学院研学方案 …… 114
梅沙教育——三亚户外学校研学方案 …… 119
海南尖峰岭国家森林公园研学方案 …… 122
海南昌江县青少年活动中心综合实践基地研学方案 …… 126
三亚水稻国家公园研学方案 …… 131
☆**明星基地** …… 137
中国科学院海南热带海洋生物实验站研学方案 …… 138
各基地知识和能力检测题参考答案 …… 141
范本附件 …… 183
参考文献 …… 187
后　记 …… 189

引　言

一、研学旅行的起源及背景

16—18 世纪的欧洲上流社会，贵族青年有一种以接受教育为目的的旅行传统。研学旅行的原始雏形是英国贵族的“大陆游学”（the Grand Tour）。17 世纪，在英国王室就已有教师带领着王子们周游列国。到 18 世纪，这种游学活动在英国贵族阶层及上流阶层风靡一时。工业革命后，前往欧洲大陆游学的费用逐渐降低，普通民众家庭的子弟也能负担，修学旅行开始褪去贵族特色，逐渐走向平民化。

现代“修学旅行”一词源于日本明治维新时期。明治十五年（1882 年），当时的枥木县第一初级中学（现枥木县立宇都宫高级中学）的老师组织学生们前往东京，参观“第二届实业发展促进博览会”，这次参观成为“高中学生与初中学生团体旅游”活动的开端。明治十六年（1883 年），长野师范学校（现日本信州大学）举行了类似的参观活动，并正式命名为“修学旅行”。1950 年以后，日本的“修学旅行”走上快速发展道路，以立法形式明确对“修学旅行”的要求，如国家层面制定的《日本学校教育法》。现阶段“修学旅行”已被日本写入教学大纲，而且日本的“修学旅行”真正实现了校内外配合，如铁路部门会开设“修学旅行”专列、保健卫生部门会大力配合、许多博物馆减免门票、家长愿意负担“修学旅行”费用等。

在古代中国，研学旅行由来已久。古语有云：读万卷书，行万里路。游与学一直紧密结合。春秋时期的孔子周游列国，考察各地的风土人情并宣传文化，称得上是我国研学旅行的鼻祖；北宋时期的沈括从小就跟随父亲到处游历，成年后亦四处游学，其代表作《梦溪笔谈》内容丰富，被称为“中国科学史上的里程碑”；明代地理学家、旅行家和文学家徐霞客，一生也游学四方，足迹遍及今 21 个省、自治区、直辖市，经 30 年考察撰成了 60 万字的地理名著《徐霞客游记》；20 世纪 30 年代，著名教育家陶行知抱着教育救国理想积极倡导“知行合一”，陶先生认为“行是知之始，知是行之成”，他组织新安小学的“新安旅行团”经过长途“修学旅行”之后，增加了学生们对国家民族的责任感，开创了我国“修学旅行”的先河。

随着我国教育模式由“应试教育”逐渐转变成“素质教育”，“修学旅行”渐渐被一些民间人士乃至地方政府所重视和倡导。2006 年，“孔子修学旅行节”作为中国第一个修学旅行节庆活动在儒家文化发源地——山东曲阜举办。广东省也在 2008 年率先把“修学旅行”写进教学大纲，并列为中小学必修课。

2013 年 2 月 2 日，国务院印发《国民旅游休闲纲要（2013—2020 年）》，其中“主要任务和措施”的第四点提出“要逐步推行中小学生研学旅行”，这是我国政府针对具体国情提出的全新研学概念，并初次以政府文件的形式提出推行研学旅行活动；2014 年 7 月，教育部发布《中小学学生赴境外研学旅行活动指南（试行）》；2015 年 1 月 21 日，国务院印发《关于促进旅游业改革发展的若干意见》，其中“拓展旅游发展空间”第九部分明确提出要“积极开展研学旅行”；2015 年 8 月，国务院办公厅发布《关于进一步促进旅游投资和消费的若干意见》，提出要“支持研学旅行发展，把研学旅行纳入学生综合素质教育范畴”；2016 年 12 月 19 日，教育部等 11 部门联合印发《关于推进中小学生研学旅行的意见》，明确指出“研学旅行是由教育部门和学校有计划地组织安排，通过集体旅行、集中食宿方式开展的研究性学习和旅行体验相结合的校外教育活动，是学校教育和校外教育衔接的创新形式，是教育教学的重要内容，是综合实践育人的有效途径”；2017 年 5 月 1 日，国家旅游局批准发布实施的《研学旅行服务规范》（LB/T 054—2016）进一步明确了研学旅行的概念，突出研学旅行是以中小学生为主体对象，以集体旅行生活为载体，以提升学生素质为教学目的，依托旅游吸引物等社会资源，进行体验式教育和研究性学习的一种教育旅游活动；2017 年 9 月 25 日，教育部印发《中小学综合实践活动课程指导纲要》，明确了综合实践活动是必修课程，并指出研学旅行属于综合实践活动的范畴。

2018 年 2 月 14 日，根据教育部等 11 部门《关于推进中小学生研学旅行的意见》精神，结合海南省实际，海南省教育厅等 12 个部门共同研究，就推进中小学生研学旅行工作的意见中指出：中小学生研学旅行工作的主要任务是积极探索建立一套管理规范、责任清晰、多元筹资、保障安全的研学旅行工作的长效机制；完善研学旅行作为教育教学工作的常态机制，开发一批育人效果显著的研学旅行活动课程；建设一批具有良好示范带动作用的研学旅行实践基地，打造一批具有影响力的研学旅行精品线路；形成中小学生广泛参与、活动品质持续提升、组织管理规范有序、基础条件保障有力、安全责任落实到位、文化氛围健康向上的研学旅行发展局面。研学旅行活动的范围近则本乡本土，远则出省出国。

二、研学旅行的意义

研学旅行是中小学综合实践活动的重要方式，是各个学段课程方案中的必修课程，是学校教育和校外教育相结合的一种创新形式。研学旅行活动具有如下意义：①能帮助中小学生了解乡情、市情、省情、国情，使中小学生开阔眼界、提升家国情怀；②能提高中小学生的社会责任感、创新精神和实践能力；③能促进中小学生培育和践行社会主义核心价值观，激发中小学生对党、对国家、对家乡、对人民的热爱之情；④能增强他们对中国特色社会主义的道路自信、理论自信、制度自信和文化自信；⑤能全面落实教育立德树人的根本任务，推动素质教育的全面实施。

三、研学旅行的保障措施

研学旅行是学生成长过程中非常重要的活动，而做好研学旅行活动的安全保障更是重中之重。为此，开展研学旅行教育活动之前基地及学校需要做好如下工作。

1. 完善研学课程体系及建立专业的导师队伍。研学基地应该根据自身的资源条件，结合中小学课程目标要求，建立健全研学旅行课程体系，对基地内的研学导师及学校负责研学的导师进行系统培训。研学导师不仅需要掌握基地课程所需的学科专业知识，还需要掌握旅行安全的基本知识，因此研学基地及各级学校有必要让有志从事研学旅行教育的老师参加系统培训，逐步建立一支从事研学旅行教育的专业导师队伍。

2. 制定规范的安全事故管理措施，控制活动中可能发生的事故。地方政府要加强对研学旅行组织者的管理，建立研学旅行教育、培训、考核和评价体系，提升研学旅行组织者的专业化水平和能力。

3. 做好研学旅行前的沟通联系工作。学校在组织研学旅行活动时，要与家长进行必要的沟通，签订相应的协议，审慎选择研学基地及研学课程内容。在落实研学班级、人数及研学旅行时间之后，编写研学旅行计划单（见范本)，将盖有学校公章的研学旅行计划单发给研学基地，待研学基地给予确认后，着手落实研学旅行出发前的安全教育工作。

4. 加强对学生的安全教育，严防意外事故的发生。学校在开展研学旅行前，要通过播放安全教育课程、公益片，开主题班会等方式，让学生了解研学过程中需要注意的事项，增强孩子的安全意识和自我保护意识，提高孩子的避险防灾和自救能力，营造温馨、安全的情感氛围。

四、本书的特点

截至2019年，海南省已评出39家省级研学基地，被列入全国中小学生研学实践教育基地的已有16家。为了让这些基地所推出的研学课程目标明确，研学旅行课程内容具有教育性及体验性，最终促进师生了解所处社会的文化、历史、文明成果，培养学生热爱自然、热爱集体、热爱生活的情感，树立集体意识、公共观念及社会责任感，养成自理自立、文明礼貌、互勉互助、吃苦耐劳、艰苦朴素等优秀品质和精神，本书组织海南多所学校多个学科的老师与各基地的项目负责人，围绕学生“德、智、体、美、劳”全面发展的主线，突出德育为先、能力为重，认知为基础，让学生通过研学旅行，在自然和社会的大课堂中提升终身发展所需的情商和智商，做全面发展的人。经过翔实调研、编写方案、组织实施、修改完善，最终形成了《海南研学旅行指导》，本书具有如下特点。

1. 基地资源特点突出。通过翔实的调研，对基地的资源进行了系统梳理，突出了各基地的自然及人文资源特色，方便读者了解各基地的资源状况及场地条件。

2. 基地的研学目标明确、具体、科学。研学目标是师生在研学活动中预期达到的结果。研学旅行活动具有开放性，为了能将学生的发散思维与收敛思维相结合，并将辩证思维的培养作为重要的研学目标，本书中每个基地的研学目标均根据各基地的资源特色、设施设备条件，结合中小学教育教学目标的要求而拟定，所拟定的目标不仅具有系统性、层次性、可行性及可测评性，还突出了对学生思维品质的深度和广度培养。

3. 研学课程具有创新性。研学旅行中学生面对的不是传统课堂中抽象化的知识点和虚拟环境，而是现实世界中的真实问题情境，课程的建设应以培育学生核心素养为主线，并基于真实的问题情境，促进课堂知识的学习与旅行探究深度融合，最终使学生获得对自然、社会的真实体验，启发学生发现问题、分析问题，学会与他人合作解决现实问题。本书中每个基地的课程主题及课程内容均由学校老师与基地项目负责人共同开发，课程主题新颖，内容包括地理类、自然类、历史类、科技类、人文类、体验类等多个类型，涵盖中小学各个学科。这些不同类型的课程探究性价值高，条理性清晰，内容丰富，趣味性强，能满足学生深入探究和多元化学习的需求。

4. 研学课程方案具有较强的可操作性。本书中每一个课程的设计不仅充分考虑了目标的要求、基地的特色资源、场地的环境承载量、导师队伍的知识及能力水平，而且均在基地组织实施过，基地导师有开展活动的经验。每一个基地研学课程方案后附有研学知识及能力检测题，还配有参考答案，方便师生开展研学教育活动之后进行知识及能力的迁移检测，实现对目标达到状况的测评。

由此可见，本书研学旅行课程的建设注重研学活动的文化性、科技性、自主性和社会性。本书的出版既为各中小学及研学旅行机构开展研学旅行培训及研学旅行活动提供具有现实指导意义的课程方案，也为学生开展研学旅行活动提供思考问题的途径及方法，同时还为家长深入了解海南各研学基地实际开设的课程内容提供参考，是一本非常有价值的地域性研学旅行教材。

★国家级研学基地

海南热带野生动植物园研学方案

一、基地资源概况

海南热带野生动植物园坐落在海南省海口市秀英区东山湖畔，离海口市区仅30千米，交通便利。是集珍稀野生动植物科普博览、保护繁殖、观光旅游、休闲度假为一体的国家4A级旅游景区。景区占地1500亩，最大承载量为15000人，瞬时承载量为5000人，先后被评为全国科普教育基地、全国林业科普基地、全国中小学生研学实践教育基地。是一家全景式展现岛屿型热带雨林生态系统、浓缩海南岛动植物精华的天然博物馆，目前已开发动物学科考、植物学科考、游戏拓展三大板块的研学课程和冬、夏令营产品。

【自然资源】

海南热带野生动植物园内有珍禽异兽达100多种，近3000头（只）；珍稀热带植物有200多个科，1000多个品种。这里古木参天、藤蔓交织、奇花异草、曲径清幽、湖光绿海、秋水长色，动植物和谐相处。热带森林覆盖率达99%，空气清新，是一个天然的“大氧吧”。

【人文资源】

海南热带野生动植物园分为车行猛兽区和步行区。车行猛兽区一改其他城市动物园高墙铁笼的囚兽格局，这里的野生动物拥有热带丛林自由生活的空间，动物的野性得以淋漓展现，尽显珍禽异兽风采，游人驱车在车行猛兽区内穿行，可以充分体验“人在笼中兽在外”的奇妙感觉，游人在这里可以感受“群狮争食”的霸气、“天下第一猴山”的谐趣、“钓鳄鱼”的刺激、“百鸟争鸣”的壮观、“狮虎恋”的浪漫、植物绞杀的残酷等；在步行区可见猕猴、大象、长颈鹿和火烈鸟等动物及热带特有的植物；在熊猫馆内有憨态可掬的国宝熊猫；在南药园内可见识海南的四大南药：槟榔、益智仁、砂仁、巴戟天。

【场地资源】

海南热带野生动植物园现有停车场约15000平方米，大巴车车位50个，小轿车车位约 420 个。景区内的火烈鸟餐厅，环境幽雅，菜肴丰富多样，可容纳 500 人同时就餐，并针对研学的学生，开发了营养均衡的特色菜肴，人均费用仅 20—30 元。景区目前虽无酒店，但可提供帐篷及露营场地。此外，研学活动场所均设有监控系统，24 小时实时监控，并且均配备医务室、保安等，能充分保障学生的安全。

二、研学目标

1. 通过车览及近距离观察，能说出狮虎兽、老虎、狮子的习性。

2. 通过步行探访及观察，能说出猕猴、长颈鹿、火烈鸟、大熊猫等动物的生活习性。

3. 步行穿越仿真恐龙园，感受各种恐龙的叫声，观察各种恐龙的仿真模型，了解恐龙的身体构造及生存的环境。

4. 能描述热带特有植物的典型特征，知道南药的基本药用价值。

5. 体验和感悟人与自然和谐相处的重要性，树立热爱自然、保护生态环境的意识。

6. 学会观察、交流及合作。

三、研学课程

【课程一】探秘狮虎之恋（适合各学段学生）

[课程内容]

1. 在研学导师的带领下乘车游览狮虎兽园，听研学导师讲解狮虎兽、虎狮兽、老虎和狮子等动物的生活习性。

2. 听研学导师讲解“狮虎之恋”的故事，观察狮虎兽的长相。

3. 对所观察到狮虎兽、老虎及狮子形态的异同进行交流分享。

[知识和能力的检测]

1. 狮子体细胞中有染色体 38 条，老虎体细胞中也有染色体 38 条，它们可通过有性杂交产生后代狮虎兽，下列说法正确的是（　　）。

A. 狮与虎能交配产生狮虎兽，无生殖隔离

B. 狮虎兽是异源二倍体生物，但高度不育

C. 狮虎兽是自然界中没有的新物种

D. 狮虎兽的体细胞中有同源染色体 19 对、38 条

2. 何谓狮虎兽？狮虎兽的后代能继续繁殖吗？

3. 狮子和老虎都是社会性动物吗？为什么？

该课程需要2学时。

【课程二】探究猴王奇妙的生活（适合小学及初中学段学生）

[课程内容]

1. 听研学导师讲解亚洲猴山里各种猴子的故事及猴群的社会行为。
2. 步行近距离观察猴子的生活环境、习性、猴子运动、觅食和打斗等行为。
3. 说说自己对猴子的认识。

[知识和能力的检测]

1. 猴王是怎样炼成的？又是怎样褪去光环的？
2. 人类是猴子进化而来的吗？
3. 2005年8月，“国际黑猩猩基因测序与分析联盟”宣布，黑猩猩与人类在基因上相似程度达到96%以上。以上实例可以说明（　　）。

A. 人类和黑猩猩的共同祖先是森林古猿

B. 人类是由黑猩猩经过漫长的年代进化而来的

C. 生物具有遗传和变异的特性

D. 人类和黑猩猩有较近的亲缘关系

该课程需要1学时。

【课程三】观察可爱的动物（适合小学及初中学段的学生）

[课程内容]

1. 听研学导师讲解长颈鹿的生活习性，并现场观察长颈鹿的生活。
2. 听研学导师讲解火烈鸟的生活习性，并现场观察火烈鸟的生活。
3. 在熊猫馆听研学导师讲解大熊猫的生长环境，并现场观看憨态可掬的熊猫。
4. 向同伴介绍长颈鹿、火烈鸟、大熊猫的特征。

[知识和能力的检测]

1. 说说长颈鹿的生活习性。
2. 说说火烈鸟的生活习性。
3. 大熊猫为什么能成为“国宝”？

该课程需要2学时。

【课程四】穿越仿真恐龙园（适合小学及初中学段学生）

[课程内容]

1. 听研学导师讲解恐龙生长的时代及环境等知识。

2. 穿越仿真恐龙园，感受多种恐龙的叫声，观看各种恐龙的仿真模型。

3. 观察霸王龙的身体构造。

4. 分组开展动物模型拼装竞赛：(1) 在规定的时间内分组合作完成动物拼装。(2) 对拼装的结果进行评比。

[知识和能力的检测]

1. 恐龙的体形是不是都很大？说说你认识的最小恐龙。

2. 恐龙是哪个地质时代的动物？侏罗纪时期恐龙为何得于繁盛？

3. 恐龙是怎样灭绝的？

该课程需要1学时。

【课程五】热带植物的秘密（适合各学段的学生）

[课程内容]

1. 观看热带植物生命奥秘（小小的种子怎么长成了参天大树）视频，感悟植物生命力的顽强。

2. 听研学导师讲解海南常见植物（如能独木成林的榕树、树干上挂果的波罗蜜等）的形态并现场进行观察。

3. 听研学导师讲解海南四大南药的生长习性及价值，并到南药园进行观察辨认。

[知识和能力的检测]

1. 海南最著名的四大南药指的是（　　）（多选题）。

A. 槟榔　B. 益智仁　C. 砂仁　D. 花生　E. 巴戟天　F. 香茅

2. 四大南药分别有什么药用价值？

3. 波罗蜜为什么长在树干上？

4. 榕树为什么能“独木成林”？

该课程需要2学时，课程人数可多人分组进行。

四、研学成果展示

基地研学活动结束后，研学导师或老师要根据学生提交的“知识和能力的检测”，对学生的研学成果进行点评，并让学生填写研学活动记录表。要求课时1学时。

（作者单位：张永炳，海口市教育研究培训院；黄新喜，海南热带野生动植物园）

雷琼世界地质公园（火山口公园）研学方案

一、基地资源概况

火山口公园位于海南省海口市秀英区石山镇，占地面积108平方千米，距海口市区约15千米。公园建于1996年；2004年经国土资源部批准建设“国家地质公园”；2006年9月18日经联合国教科文组织批准建设为“雷琼世界地质公园”，是海南省第一家由联合国教科文组织确认具有突出重要价值的世界级旅游景区，是香港生态旅游专业培训中心在境内的首家培训基地，先后被评为“海南省优秀旅游景区”“海南省十佳景区”、国家4A级旅游景区，2018年被评为“海南第一批20个研学旅行实践教育基地”，同年被评为“全国中小学生研学实践教育基地”。

【自然资源】

石山火山群属地堑—裂谷型基性火山活动地质遗迹，据地质学家考证，琼北火山喷发于新生代早第三纪，最后一次喷发是第四纪全新世，距今约8000年。琼北火山锥多达40座，几乎涵盖了玄武质火山喷发的各类火山，既有岩浆喷发而成的碎屑锥、熔岩锥、混合锥，又有岩浆与地下水相互作用形成的玛珥火山，其中主火山为风炉岭和包子岭，两个火山口相距不到1千米，合称为马鞍岭。风炉岭旁侧还有两个寄生火山，犹如眼镜而得名眼镜岭，风炉岭海拔222.8米，是琼北最高峰。马鞍岭火山口、火山锥保存完整，在雷琼火山带中是最有代表性、最年轻的一座，也是海口地区40座火山中唯一建成旅游景区的。景区地面保存有形状完好的玄武岩，这些玄武岩呈现气孔状、绳状、火山渣状等奇形怪状。景区内熔岩隧道30多条，有七十二洞、火龙洞、乳花洞等，洞内有熔岩钟乳、熔岩石幔、熔岩气泡、熔岩冷却裂缝、熔岩擦痕。目前的熔岩隧道尚处在保护状态。

景区内有热带常绿雨林、热带半落叶季雨林、刺灌草丛、石山灌草四类独特的植物群落，植物覆盖率85%以上。

【人文资源】

火山口公园内保存有千百年来人们利用玄武岩所建的古村落、石屋、石塔及古老山民用玄武岩制作的鼓形、南瓜形和鼎形精美的柱基石、石磨、石臼等各种生产、生活器具，所有这些都展现了火山口先民的聪明智慧，记载了人与石相伴的火山文化脉络，被称为中华火山文化之经典。

经过多年的建设，火山口公园已建造成一座具有火山文化、生态园林、特色建筑的主题公园。园内有火山生态广场、气势恢宏的登山道、千姿百态的古树长廊、万年前的火山喷发口遗迹；园区内路边的火山石上还有中科院院士、中国地质大学校长赵鹏大的题词及联合国教科文组织地学部主任沃尔夫冈·伊德的留言；火山科普馆里有丰富的图文资料及视频资料，让游人能够直观形象地领略与火山相关的知识，感受8000年前火山喷发时的震撼。

【场地资源】

火山口公园停车场的大巴车车位有100个，小轿车车位1900个，车辆入口3个、出口2个。2000个停车位分为固定停车位1000个，假日开放的停车位1000个。各区停车位以灌木为隔离线，高大乔木为遮阴，景观优美。园区内设有餐厅，能同时容纳700人就餐。此外园区内设有监控系统，24小时实时监控，并且均配备医务室、保安等，能充分保障学生的安全。

二、研学目标

1. 通过观察及听讲，能说出火山地貌形成的原因。
2. 能辨识常见花岗岩、玄武岩、火山碎屑岩，并能说出其形成过程。
3. 能说出火山地区常见植物的特征。
4. 观察体验当地村民用玄武岩制作的生产、生活用具，并能解释这些现象存在的原因。
5. 掌握指南针的使用方法，知道在实地如何判断方位。
6. 学会观察、学会思考，提高同伴交流及合作的能力。

三、研学课程

【课程一】探秘火山及岩浆的形成（适合各学段的学生）

[课程内容]

1. 在科普馆内观看火山形成的科普视频及图片展，了解火山地貌形成的原因。

2. 听研学导师讲解岩浆岩的种类及肉眼辨识的方法。

3. 分组辨识科普馆内的岩石，并将自己辨识的过程记录下来。

[知识和能力的检测]

1. 马鞍岭火山喷发的大致时期是（　　）。

A. 600 年前　　B. 8000 多年前　　C. 1.3 万年前　　D. 200 年前

2. 火山锥是怎么形成的？

该课程需要 2 学时。

【课程二】定向越野（适合初中、高中学段的学生）

[课程内容]

1. 听研学导师讲解指南针的使用方法并实地操作。

2. 拿着景区内部地图，站在景区科普馆门口前，找到火山口公园的登山石阶，说出火山口公园登山石阶的朝向，说出登山石阶位于科普馆的什么方向。

3. 听研学导师讲解火山喷发物对植物生长的影响。

4. 分组拿着地图前往登山，观察并记录园内及登山沿途的植物及其形态特征。

[知识和能力的检测]

1. 如何使用指南针？如何判断计划前往的目的地位于所在地的方向？

2. 说说火山喷发物对公园内植物的生长有何影响。

【课程三】实地感受马鞍岭火山锥的完美（适合各学段的学生）

[课程内容]

1. 在研学导师的带领下登上风炉岭火山口，绕火山口走一圈，想象当年火山喷发时的壮观。

2. 在火山口观景平台上眺望远方，想一想马鞍岭命名的来源。

3. 在研学导师的带领下走到火山口底部，实地观察火山口底的岩石，说出这些岩石的特征。

4. 交流分享自己对火山形成的认识。

该课程需要 3 学时。开展此课程最佳观察时间：下午 3:00—5:00。

[知识和能力的检测]

1. 深部炽热的岩浆在上升的过程中，遇到冷的地下水，会发生蒸汽岩浆爆炸，这种过程形成的火山被称为（　　）。

A. 穹形火山　　B. 玛珥火山　　C. 锥形火山　　D. 盾形火山

2. 马鞍岭由几座火山组成？它们的名称分别是什么？

3. 站在海口制高点的山顶上，画出马鞍岭的素描图，并标注名称。

【课程四】神奇的岩浆岩（适合各学段的学生）

［课程内容］

1. 在火山生态广场听研学导师讲解玄武石及火山碎屑岩的形成，观察两者的差异。

2. 听研学导师讲解熔岩流地貌的形成，并实地观察熔岩流地表的形态。

3. 比较致密玄武石与多孔玄武石的重量，想象它们的用途。

［知识和能力的检测］

1. 玄武岩是怎么形成的？有什么用途？

2. 火山碎屑岩是怎么形成的？

3. 熔岩流是怎么形成的？说说火山生态广场内三层熔岩流遗迹地表形态是如何形成的？

【课程五】探究玄武岩的用途（适合各学段的学生）

［课程内容］

1. 观察古民居的建筑材料。

2. 观察古村落中村民生产、生活用具的材料。

3. 体验石磨等古老村民生产生活用具的操作。

［知识和能力的检测］

1. 石磨主要是用来磨（　　）。

A. 黑豆　　B. 黄豆　　C. 大米　　D. 花生

2. 观察 3—5 种当地生产生活的工具，说一说它们的名称及用途。

3. 说说石山古村落民居有何特征，为什么？

四、研学成果展示

基地研学活动结束后，研学导师或老师要根据学生提交的“知识和能力的检测”，对学生的研学成果进行点评，并让学生填写研学活动记录表。要求课时 1 学时。

（作者单位：陈运敏，海口市教育研究培训院；郭文旭，雷琼世界地质公园海口园区——海口火山口公园；赵志忠，海南师范大学）

儋州东坡文化旅游区（东坡书院）研学方案

一、基本概况

东坡文化旅游区位于海南省儋州市中和古镇东郊，占地面积约400亩。东坡书院是东坡文化旅游区的核心景点，其前身为载酒堂，始建于北宋元符元年（1098年），是苏东坡在儋州留下的重要文化遗迹之一；明嘉靖二十七年（1548年）载酒堂更名为东坡书院；1996年东坡书院被列为全国重点文物保护单位，成为海南著名的旅游胜地；2018年东坡书院先后被定为“海南省中小学生研学实践教育基地”和“全国中小学生研学实践教育基地”。

【自然资源】

东坡书院环境优美，生态和谐，古木幽茂，群芳竞秀。书院内有闻名遐迩的百年芒果树、滑桃树、古榕树、狗仔花等奇花异木；书院前面东坡湖碧波荡漾，荷香四溢，栈道水榭，景随步移；书院后面北门江碧水悠悠，清澈甘甜，苏东坡曾在此汲水煎茶，酿制美酒，买鱼放生，留下千古佳话；书院周边阡陌纵横，古村静谧，古风犹存，尤其是七里村的古玉蕊林群落，是国内罕见的珍稀植物，堪称世间绝版，具有极高的观赏价值和科普价值。

【人文资源】

东坡书院有着悠久的教育传统。1098年，苏东坡在儋州“醵钱作屋”创建“载酒堂”，敷扬文教，促成儋州教化日兴，人才辈出。书院现保存载酒亭、载酒堂、东坡祠、钦帅泉、钦帅堂等古代建筑及人文景观，院内文物藏品甚多，楹联、碑刻、雕塑、井泉、器具、图书、字画、文献等，资源深厚，内容丰富，特色鲜明，是开展中小学研学活动、传承和弘扬中华优秀传统文化的理想场所。

紧邻东坡书院的中和镇是国家历史文化名镇，“儋州故城”是全国重点文物保护单位。儋州故城始建于唐武德五年（622年），是唐、宋、元、明、清及民国各代儋州（郡、军）治所所在地，人文古迹众多，历史底蕴深厚。中和古镇以其“诗词之乡”“楹联之乡”“书法之乡”和“民间艺术之乡”的文化传统，为开展研学旅行提供了优越的学习环境和浓郁的研学氛围。

近几年，东坡景区积极致力于提升教育游学功能。目前，已有9位著名书法家、画家签约成为景区的入驻艺术家，与多位作家、学者、音乐家、诗人建立了交流合作，挂牌设立了“中国国家画院书法篆刻创作基地”“国家非物质文化遗产儋州调声传承基地”“九品香莲种植加工产业基地”“海南省中小学研学教育基地”“国家级中小学研学教育基地”。同时，景区正在增建“劝学园”“劝和园”“劝耕园”等一批新景点，与东坡书院形成互补，还将增设数字化展演场所，拓展文化体验内容和感悟空间，为中小学生研学活动的开展提供更优越的条件，让学生在快乐的游学旅行中陶冶情操、开阔视野、增长见识、提高素质。目前所开设的课程人文景观丰富、文化资源深厚，具有明显的浸润性、体验性、实践性、开放性、生成性。

【场地资源】

东坡文化研学基地是以儋州中和镇东坡书院为基础而建立的，其中停车场20亩，可同时容纳约100辆大巴，同时容纳研学人员300人左右。

二、研学目标

1. 能说出苏东坡生平事迹和居儋逸事，感受苏东坡的品格魅力。

2. 能吟诵苏东坡的代表诗词，探秘东坡典籍，感悟东坡遗风和东坡文化的博大精深。

3. 了解书法历史，欣赏名帖，临摹学习，培养书法兴趣，弘扬传统文化。

4. 穿宋服，进私塾，学礼仪，拜孔圣，体验古代儒生学习场景。

5. 学习古代拓片技艺、雕版印刷等，感悟古代文化魅力。

6. 树立对传统文化的自信，学会与人交流合作，提高思考和探究的能力。

三、研学课程

【课程一】景区游览（适合各学段学生）

［课程内容］

1. 参观景点：参观东坡湖、载酒亭、载酒堂、东坡祠、钦帅井、钦帅堂、东坡铜像等景点，了解东坡生平事迹和居儋故事。

2. 文物探秘：听研学导师讲述有趣的东坡笠屐故事，观赏《坡仙笠屐图》，东坡《寒食帖》《渡海帖》，东坡先生祠记碑等珍贵馆藏文物，欣赏

"天下第三行书"《寒食帖》的书法艺术，感悟东坡文化的博大精深。

3. 动手动脑项目：

（1）汲水钦帅泉：体验用水桶汲水的技巧，探索钦帅泉清澈无浊、不盈不损的奥秘。

（2）观赏狗仔花：观察奇妙的狗仔花与花名的关系，查一查狗仔花的主要分布地区，讲一讲狗仔花的故事。

4. 瞻仰东坡铜像：向苏东坡行礼致敬。

[知识和能力的检测]

1. 苏东坡是哪个朝代的？（　　）

A. 唐　　B. 宋　　C. 明　　D. 清

2. 苏东坡是哪年到达儋州的？（　　）

A. 1097 年　　B. 1099 年　　C. 2000 年

3. 苏东坡的居儋逸事哪些让你印象深刻？

该课程每项需要 1 学时。

【课程二】私塾课堂（适合各学段学生）

[课程内容]

1. 场景体验：穿上宋代服装，走进东坡私塾，学习传统礼仪，举行敬拜孔子仪式，来一次时空穿越，真实体验古代儒生学习场景。

2. 聆听东坡：听研学导师讲述东坡故事，感受东坡的品格魅力。

3. 知识拓展：听研学导师讲述古老的交通工具——古代马车。观赏中国纺织的活化石——吉贝布。

4. 诗词吟诵：分小组学习东坡诗词，能在规定时间内吟诵诗词最多的小组可赢获小礼物。

[知识和能力的检测]

1. 你知道苏东坡哪些故事？请说出来和大家分享。

2. 你最喜欢苏东坡哪首诗词？请诵读出来。

该课程需要 1 学时。

【课程三】文物拓片体验（适合各学段学生）

[课程内容]

1. 听研学导师介绍相关文物的历史知识及其珍藏价值。

2. 听研学导师讲述中国传统拓片的历史和技艺知识。

3. 听研学导师介绍拓片工具及使用方法，并在拓片师的指导下，分组合作将《坡仙笠屐图》，东坡《渡海帖》《月梅图》等珍贵文物及书画制成拓片作品。

4. 各小组展示所创作的拓片艺术成果，并分享制作的经验。

5. 研学导师对拓片艺术成果进行点评。

[知识和能力的检测]

1. 什么是拓片？它有什么作用？

2. 说一说拓片的制作过程。

该项目约需 1 学时。

【课程四】书法创作体验（适合各学段学生）

[课程内容]

1. 让学生与书法家零距离接触，听书法家讲解中国书法历史，听研学导师介绍文房四宝及使用方法。

2. 在研学导师的指导下，欣赏名帖，掌握欣赏名帖的方法。

3. 在研学导师的指导下，进行书法临帖。

4. 展示各自临帖成果，研学导师进行点评。

[知识和能力的检测]

1. 文房四宝指什么？

2. 临摹一份你喜欢的字帖并和大家交流书法心得。

该项目约需 1 学时。

【课程五】体验雕版印刷（适合各学段学生）

[课程内容]

1. 听研学导师讲解雕版印刷的历史知识及东坡书院馆藏的书画雕版。

2. 听研学导师介绍雕版印刷的工艺流程。

3. 在研学导师的指导下，制作书画雕版作品。

4. 展示各自的作品，分享制作经验。

5. 研学导师进行点评。

[知识和能力的检测]

1. 雕版印刷术发明于（　　）。

A. 汉朝　　B. 唐朝　　C. 宋朝　　D. 明朝

2. 说说雕版印刷的基本流程。

3. 雕版印刷术的发明有什么意义？

该项目约需 1 学时。

【课程六】泛舟东坡湖（适合各学段学生）

［课程内容］

1. 听研学导师介绍泛舟的安全要求。
2. 分组泛舟，并在泛舟过程中赏荷花，品荷韵，采莲蓬。
3. 听船夫清唱山歌和调声，并在船夫的带领下学唱调声。
4. 组别之间进行交流分享收获。

［知识和能力的检测］

说说儋州调声的特点。

该项目约需1学时。

【精品七】欣赏东坡乐坊（适合各学段学生）

［课程内容］

1. 在研学导师的引导下入场欣赏东坡乐府歌舞表演，表演内容有琵琶、古筝、二胡、笛子等民乐演奏，非洲鼓＋尤克里里和双排键组合演奏。
2. 与表演者联欢互动，体验民间歌舞的曼妙。

［知识和能力的检测］

说说欣赏东坡乐府歌舞表演后的感受。

该项目约需1学时。

四、研学成果展示

基地研学活动结束后，研学导师或老师要根据学生提交的“知识和能力的检测”，对学生的研学成果进行点评，并让学生填写研学活动记录表。要求课时1学时。

（作者单位：华金平，儋州一中；苏小坡，儋州东坡文化旅游区建设有限公司）

海南呀诺达雨林文化旅游区研学方案

一、基地资源概况

呀诺达雨林文化旅游区位于海南省保亭黎族苗族自治县三道镇，海榆中线三亚至保亭方向18千米处，距三亚市区仅35千米，距凤凰机场52千米。海南呀诺达雨林文化旅游区是中国唯一地处北纬18°的热带雨林，是海南岛五大热带雨林精品的浓缩，堪称中国钻石级雨林景区，是海南省第一个充分展示和表现海南热带雨林"绿色生态文化"的综合性主题景区，已荣获国家5A级旅游景区、"国家文化产业示范基地"称号。在三亚市修编的《2008—2020年旅游总体规划》中，本景区位于大三亚旅游规划中的生态景观轴上，是"三亚旅游圈"的"金三角"地区。2018年呀诺达雨林文化旅游区被评为"全国中小学生研学实践教育基地"及"海南研学旅行实践教育基地"，目前景区已接待过研学人员1500人，满意度高达99.5%。

【自然资源】

呀诺达雨林文化旅游区内的"雨林谷"景观区汇集有参天巨榕、百年古藤、国家一级保护植物黑桫椤、世界上最毒的树见血封喉、巨大的仙草灵芝、最大的草本植物旅人蕉、最贵的植物海南黄花梨、野生槟榔等1400多种乔木、140多种南药、80多种热带观赏花卉和几十种热带瓜果，郁郁葱葱的雨林植被，遮天蔽日，生态绝佳。"梦幻谷"景观区纵深1.2千米，总落差200米，有迎宾瀑布、天门瀑布、连恩瀑布三个水位，在梦幻谷栈道上观瀑布、听鸟叫蝉鸣，游人可探索自然热带雨林景观，感受返璞归真的乐趣；"三道谷"景观区两岸山体高耸，峭壁悬崖，巨岩林立，林深幽谧，树木葱茏。这里年平均气温24℃，是得天独厚的巨大天然氧吧和负离子发生器，漫步雨林中，能感受到阵阵清新凉意。呀诺达雨林文化旅游区内随处可见热带雨林特有的绞杀现象、空中花园、老茎生花、藤本攀附、高板根、根包石六大热带雨林奇观。

【文化资源】

"呀诺达"是形声词，在海南本土方言中表示一、二、三，有"一生二，二生三，三生万物"的含义。旅游区创建之初赋予它新的内涵，"呀"表示创新；"诺"表示承诺；"达"表示践行，同时"呀诺达"又意为欢迎、你好，表示友好和祝福。呀诺达景区总投资39亿元，坚持"天人合一"的生态开发理念，以天然景观为基础，保护和强化景区优美的自然生态环境，融汇原始生态绿色文化、黎苗文化、南药文化、民俗文化等优秀文化理念，这里集山奇、林茂、水秀、谷深于一身，是海南岛的"香格里拉"，人间仙境的"世外桃源"。

【场地资源】

呀诺达雨林文化旅游区整体规划面积45平方千米，周边是123平方千米的生态恢复保护区，目前可开展研学旅行的区域有："雨林谷""梦幻谷""三道谷""拓展训练基地""哇哎噜观景台""演艺区""生肖广场""综合服务区"等。可实施的项目有：踏瀑戏水、玻璃栈道、高空滑索、丛林穿越、攀岩、真人CS、速降、啪噜迪野外拓训、悬崖观海秋千、雨林探索、雨林小剧场、汽车影院、雨林露营、品尝黎家宴、学做竹筒饭、学跳竹竿舞、学唱黎族民歌、认识船形屋等。呀诺达研学基地目前已经打造了"雨林大课堂""雨林探索""雨林守护人"三个研学产品，受到广大师生一致好评。

旅游区内设有医务室1个，配备专业医护人员2人，救护车3辆，急救箱6个，移动急救包200个，AED3个；有同时容纳2000人用餐的餐厅2个，容纳200人露营的露营基地1个，雨林一号酒店有23套客房；有讲解员200名，拓训教练30名，研学导师6名，并具备完善的安全管理体系。

二、研学目标

1. 通过听研学导师讲解及野外体验，深刻体会呀诺达热带雨林的特征及其开发保护的理念。

2. 能解释热带雨林植物的一些奇特现象（如板根、绞杀）。

3. 掌握野外生存的基本技能。

4. 了解并体验少数民族的风俗习惯，树立民族自信。

5. 激发个人潜能、树立信心、提高综合思维能力和团队协作能力。

三、研学课程

【课程一】雨林探秘（适合各学段学生）

［课程内容］

1. 听研学导师讲解并观看呀诺达雨林文化区发展视频。

2. 认识雨林植物板根现象：以小组为单位，在研学导师的引导下，在雨林谷附近，找热带雨林特有的板根现象，用自己的语言对这一现象进行描述。

3. 认识雨林植物“绞杀现象”：以小组为单位，在研学导师的引导下，在雨林谷附近，找热带雨林植物绞杀现象，用自己的语言对这一现象进行描述。

4. 现场体验割胶，对于橡胶生产的过程有直观的了解。

［知识和能力的检测］

1. 想一想：热带雨林中高大乔木植物的板根现象是如何形成的？

2. 热带雨林中特有的绞杀现象是怎样形成的？

3. 橡胶树割胶为什么会选择在凌晨进行？

该课程需要6课时。

【课程二】雨林生存技能（适合各学段学生）

［课程内容］

1. 听研学导师介绍野外辨认方向的方法，然后分组练习。

2. 听研学导师介绍野外寻找生活用水的方法，再分组将石砾、中沙、细沙放入矿泉水瓶，对水进行简单净化，观察净化前后水的色度；用试剂纸检测水质的酸碱度。

3. 听研学导师讲解钻木取火的原理，再分组体验钻木取火。

4. 听研学导师讲解野外寻找露营地的方法，观看研学导师搭帐篷后，再分组合作搭建帐篷。

［知识和能力的检测］

1. 请说出野外辨认方向的方法。

2. 在野外如何寻找生活用水？

3. 寻找露营地有何小窍门？

该课程需要4课时。

【课程三】体验民俗生活（适合各学段学生）

［课程内容］

1. 听研学导师讲解黎族历史及风俗习惯。
2. 在研学导师的指导下，分组学做竹筒饭。
3. 在研学导师的指导下，分组学跳竹竿舞。
4. 在研学导师的指导下，学习用树叶独奏。
5. 在研学导师的指导下，学唱黎族民歌。
6. 在研学导师的指导下，观察黎族的船形屋，将其形状描绘下来。
7. 在研学导师的引导下，进行“手工 DIY”，如学做椰子帽。

［知识和能力的检测］

1. 简述竹筒饭的制作流程。
2. 说一说船形屋的由来及其作用。

该课程中的每一项需要 1 课时。

【课程四】拓展课程（适合初中及高中学段学生）

［课程内容］

1. 在梦幻谷参加踏瀑戏水，团队携手闯关成功。
2. 在雨林谷体验高空滑索，突破自我。
3. 听研学导师介绍真人 CS 游戏规则、安全提示及作战技巧，再分组进入丛林中，开展真人 CS。
4. 在啪噜迪拓训基地体验丛林穿越，激发自己潜能，挑战不可能。

［知识和能力的检测］

1. 请说出在高空滑索时，教练为何让每一个人下滑时脑袋尽量向左偏？
2. 请说出团队合作有哪些好处？

该课程中的每一项需要 2 课时。

四、研学成果展示

基地研学活动结束后，研学导师或老师要根据学生提交的“知识和能力的检测”，对学生的研学成果进行点评，并让学生填写研学活动记录表。要求课时 1 学时。

（作者单位：杨春燕，海南师范大学）

中国热带农业科学院香料饮料研究所（兴隆）研学方案

一、基地资源概况

中国热带农业科学院香料饮料研究所（兴隆）始建于 1957 年，占地 600 多亩，位于海南省东南部万宁市兴隆华侨旅游经济区，距海口市 163 千米，距三亚市 97 千米，隶属农业农村部中国热带农业科学院，为副局级公益性农业科研事业单位，是国内一家专业从事热带香料饮料作物产业化配套技术研究的综合性科研机构。经过多年研究探索，已建立“科学研究、产品开发、科普示范”三位一体的发展模式，是一座集科研、科普、生产、加工、观光和种质资源保护为一体的综合性热带植物园。2016 年被评为“国家 4A 级旅游景区”，近年来陆续被授予“中国青少年教育基地”“全国科普教育基地”“全国农村科普示范基地”“全国青少年农业科普示范基地”“中国青年科技创新行动示范基地”“全国中小学质量教育社会教育基地”等称号。2018 年被评为海南第一批 20 个研学旅行实践教育基地，同年被评为第二批全国中小学生研学实践教育基地。基地还曾获得过“全国科普工作先进集体”“《全民科学素质行动计划纲要》实施工作先进集体”“科普中国社区 e 站”“全国休闲农业与乡村旅游五星级园区”等荣誉称号。

【自然资源】

中国热带农业科学院香料饮料研究所（兴隆）东临南海，三面环山，日照充足、长夏无冬，湿度大、雨量充沛，是典型的热带季风气候，适宜于各种热带及亚热带植物的生长发育，植物园内保存有独具特色的植物资源 3000 多种，有热带经济作物、林木及园艺植物等，其中热带经济作物有咖啡、胡椒、香草兰、可可等，名优稀特果树有榴梿、山竹等。这里植物资源丰富、园林景观优美。

【人文资源】

中国热带农业科学院香料饮料研究所（兴隆）已建成世界第二大胡椒种质资源圃、亚洲及南太平洋第三大可可种质资源圃。常年开展热带植物观赏、热带农业观光、环境教育、农业加工体验、生态娱乐休闲和植物科普教育等研学旅游项目。基地还拥有一支由种质资源、园林园艺、产品加工等学科专业组成的研学导师团队，研学导师 63 人，其中高级职称 30 人，研究生学历人员 49 人。近年来研学导师团队已取得的科研成果 150 多项，其中获国家级、省部级成果奖励 43 项；制定技术标准 49 项；发表论文 900 余篇、出版专著 57 部；研制出特色热带香料饮料作物产品 12 大系列 140 多种规格，申请并获授权发明专利 66 项、实用新型专利 11 项；收集保存有独具特色的热带、亚热带植物资源 3200 多种。创建了独具特色的“博士大讲堂”研学品牌。

【场地资源】

基地能用于开展研学旅行活动的场地有：国家特色热带香料饮料作物引种及产业化引智基地、国家重要热带作物工程技术研究中心研发部、农业农村部热带香料饮料作物种质资源圃、农业农村部万宁胡椒种质资源圃、农业农村部香辛饮料作物遗传资源利用重点实验室、海南省热带香辛饮料作物遗传改良与品质调控重点实验室、海南省热带香料饮料作物工程技术研究中心和海南省农业科技 110 香料饮料专业服务站、中非咖啡文化馆、巧克力体验馆及科普品尝区等。

基地配有餐厅，可容纳 300 人同时就餐，配有可容纳 300 人、200 人的会议室各 1 间，50 人及以下的会议室 4 间。基地周边 3 千米左右有高、中、低档酒店、宾馆 100 多家。基地设有 24 小时实时无死角的监控系统，监控资料保存 30 天以上，设有 50 平方米医务室 1 间，配有 2 名医生，基地还配有急救箱、各种急救药品。

二、研学目标

1. 能说出热带植物的典型特征，诠释雨林的奥秘和自然法则。

2. 通过听讲座和户外实践，增强对自然、环境的认知。

3. 通过动手体验活动，开阔视野，储备知识，提高综合思维能力和动手能力。

4. 学会观察、提问，能根据提供的条件，设计实验方案，并进行探究。

5. 体验热带特色经济作物科技产品，感受热带农业科技之美。

6. 树立热爱自然、保护生态环境的意识。
7. 学会交流及合作。

三、研学课程

【课程一】华侨文化与爱国植物（适合各学段学生）

［课程内容］

1. 听研学导师讲解兴隆归侨时代背景及兴隆华侨艰苦创业的故事。
2. 听研学导师介绍橡胶及咖啡等经济作物引种的历史。
3. 在研学导师的引导下实地观察橡胶、咖啡等经济作用的特征。
4. 分组交流分享自己的收获。

［知识和能力的检测］

1. 兴隆的归侨主要来自下列哪个地区（　　）。

A. 西亚国家　　B. 非洲国家　　C. 东南亚国家　　D. 南美洲国家

2. 曾被周总理称赞为世界一流的、兴隆最出名的饮料作物是（　　）。

A. 可可　　B. 咖啡　　C. 胡椒　　D. 橡胶

3. 在兴隆华侨农场成立之前的两个农场是（　　）。

A. 广东珠海、汕头　　B. 广东佛山、韶关

C. 广东东莞、陆丰　　D. 广东潮州、揭阳

4. 20 世纪 60 年代，我国政府为什么选择海南兴隆安置归国华侨？
5. 你觉得华侨文化主要体现在哪些方面？

该课程需要 2 学时。

【课程二】走进奇特的热带雨林（适合各学段学生）

［课程内容］

1. 听研学导师讲解热带雨林中各种植物的奇特现象及其习性。
2. 在研学导师的引导下，观察植物的板根、寄生、绞杀等现象。
3. 分组根据植物图片寻找自己熟悉的植物，并拍照做好记录。

4. 评选出优秀组。

[知识和能力的检测]

1. 下列属于热带雨林特征的是（　　）。

①独木成林　②绞杀现象　③板根　④空中花园　⑤茎生现象

A. ①②　　B. ②③④　　C. ①②③　　D. ①②③④⑤

2. 热带雨林植物种类丰富的主要原因是（　　）。

A. 高温少雨　　B. 高温多雨　　C. 干旱少雨　　D. 低温多雨

3. 热带雨林因生物多样而存在着直接价值、间接价值、潜在价值，下列属于间接价值的是（　　）。

A. 旅游欣赏　　B. 调节气候　涵养水源

C. 食用　　D. 家具制作

4. 简述热带雨林的经济效益和环境效益。

该课程需要2学时。

【课程三】可可文化与巧克力制作体验（适合学龄前及各学段学生）

[课程内容]

1. 在可可园现场听研学导师讲解可可植物知识。

2. 听研学导师讲解巧克力的制作流程，并逐一演示。

3. 结合标本、图片、视频等的知识，独自完成相对应的巧克力产品。

[知识和能力的检测]

1. 说说食用巧克力的功效。

2. 对所制作手工巧克力进行互评。

该课程需要2学时。

【课程四】搭建理想的植物王国（适合各学段学生）

[课程内容]

1. 听研学导师讲解微景观应用现状与用途。

2. 观看微景观的制作视频或图片。

3. 分组利用苔藓、多肉等植物，沙石、流水、轻石、种植介质、卡通物品，玻璃瓶等制作微景观。

4. 成果展现并进行点评。

[知识和能力的检测]

1. 何谓微景观？

2. 微景观的制作是利用下列生物多样性中的哪种价值（　　）？

A. 直接价值　　B. 间接价值　　C. 潜在价值

该课程需要3学时。

【课程五】叶子的神奇价值（适合各学段学生）

［课程内容］

1. 分组合作在植物园里找自己喜欢的20片以上形状完好的叶子。

2. 制作工艺植物标本：（1）听研学导师讲解各种植物叶子的形状特征及标本制作的流程；（2）用收集来的叶子构成自己喜欢的图案，并描绘图案中叶子的形状；（3）将图案制作成工艺植物标本，并进行组间互评。

3. 制作叶脉书签：（1）听研学导师讲解各种植物的叶脉结构及去掉叶子表皮、叶肉组织的方法；（2）看研学导师去掉叶子表支及叶肉组织的实验步骤；（3）分组按研学导师的要求实施操作；（4）完成叶脉书签的制作，并进行组间互评。

［知识和能力的检测］

1. 能介绍两种以上的叶子名称与特征。

2. 下列哪些不是叶片的组织结构（　　）。

A. 叶肉　　B. 叶脉　　C. 导管　　D. 叶绿体

3. 秋天树叶为什么会变黄或者变红（　　）。

A. 叶绿素增多　　B. 叶绿素减少　　C. 黄色素减少　　D. 红色素减少

4. 说出去掉叶子表皮及叶肉组织的实验步骤。

该课程需要4学时。

【课程六】给小花苗换个大房子（适合各学段学生）

［课程内容］

1. 参观植物园苗圃，听研学导师讲解草花盆栽种植流程和各种草花的生长习性。

2. 在研学导师的指导下挑选草花小苗和塑料花盆。

3. 给草花小苗换一个新的大房子。

4. 展示并互评各个成果，把满意的成果带回家。

［知识和能力的检测］

说说草花盆栽种植的流程。

该课程需要2学时。

【课程七】植物生长的秘密（适合各学段学生）

［课程内容］

1. 听研学导师讲解植物生长所需要的条件及无土栽培的知识。

2. 参观温室水培设施。

3. 在研学导师的引导下独自或合作制作水培香料植物。

4. 听研学导师讲解太空种植的奥秘，并将种子播种在太空瓶里的基质上，用注射器进行浇水和注射空气，观察种子发芽长成一棵小苗的过程。

［知识和能力的检测］

1. 植物可以进行无土栽培的原理是（　　）。

A. 植物吸收的并不是土壤中的无机盐

B. 植物的根吸收的只是水和无机盐

C. 根只吸收水和含氮、磷、钾的三类无机盐

D. 土壤对植物生长并没有作用

2. 能向同伴介绍无土栽培和太空种植的过程。

该课程需要3学时。

【课程八】香料植物探秘（适合各学段学生）

［课程内容］

1. 听研学导师讲解热带香料的前世今生及生活中常见香料作物的特征、辨别方法。

2. 分组辨别不同特色的热带香料作物。

3. 根据辨别的数量及准确性，评出香料植物“博物君”。

［知识和能力的检测］

1. 说出所认识的香料的名字。

2. 生活中常用到的生姜、肉桂、葱、蒜、胡椒、香草兰等香料分别属于该香料植物中的哪一器官？

3. 说出白胡椒和黑胡椒的区别。

该课程需要2学时。

【课程九】植物精油提取及调试体验（适合各学段学生）

［课程内容］

1. 听研学导师讲解精油的成分及影响精油品质的因素。

2. 听研学导师讲解精油提取的方法，并观看精油提取过程视频。

3. 分组合作对精油产品进行调试体验。

4. 交流分享各自对精油的认识。

[知识和能力的检测]

1. 精油主要有哪些类型?

2. 精油提取常用的方法有哪些? 原理分别是什么?

该课程需要2学时。

【课程十】奇妙的微生物(适合各学段学生)

[课程内容]

1. 听研学导师讲解微生物的种类及其特征、生态环境中微生物的作用等知识。

2. 听研学导师介绍微生物的观察方法并观看研学导师的操作。

3. 按研学导师的要求学会用显微镜观测微生物标本。

4. 动手做临时装片观察自己指甲上潜藏的微生物。

[知识和能力的检测]

1. 何谓微生物?

2. 说说对人类有益的微生物及对人类有害的微生物各有哪些?

3. 平时应如何防范有害微生物对我们身体的伤害?

4. 说说微生物在环境中能起什么作用?

该课程需要2学时。

【课程十一】热带香料饮料植物探秘(适合各学段学生)

[课程内容]

1. 参观中国热带农业科学院香料饮料研究所及成果展示。

2. 听研学导师介绍可可、咖啡、胡椒、香草兰、依兰、棕香等热带香料饮料植物的种植及用途。

3. 实地观察可可、咖啡、胡椒、香草兰、依兰、棕香等植物的形态,注意进行区别。

4. 探究胡椒与盐的分离实验。

[知识和能力的检测]

1. 全世界三大饮料作物是什么?

2. 兴隆地理标志产品是什么?

3. 制作巧克力的原材料是什么?

4. 说说胡椒与盐分分离的原理。

该课程需要 2 学时。

四、研学成果展示

基地研学活动结束后，研学导师或老师要根据学生提交的“知识和能力的检测”，对学生的研学成果进行点评，并让学生填写研学记录表。要求课时 1 学时。

（作者单位：朱飞飞，兴隆热带植物园；白亭玉，中国热带农业科学院香料饮料研究所；符永权，海南中学；于俊玲，海口市一中）

★省级研学基地

海南科教防灾减灾训练基地研学方案

一、基地概况

海南科教防灾减灾训练基地位于海南省海口市秀英区椰海大道永庄村，距椰海大道0.6千米，海秀快速路2.7千米处，占地面积120余亩。为了让更多的群众学会基本的生存逃生技能，基地引进相关专业人才和国际先进的防灾体验设备，对灾害现场进行全真模拟训练。基地有健全的安全管理体系，配备足够的研学导师，基地多处设有明显的安全警示标识，有专门的防护网、安全应急通道、完善的监控系统，有效地确保各类防灾减灾训练安全运作。基地2018年被评为海南第一批研学旅行实践教育基地，同年还被认定为海口市第二十小学的校外安全教育基地。2019年分别被美苑小学、府城中学、琼山二小、海南师范大学实验小学等多所学校认定为校外安全教育基地。

【人文资源】

海南科教防灾减灾训练基地现有专业资质的公共安全宣传人员和素质拓展国防教育培训技师20多人，除了开展日常公共安全宣传和防灾减灾技能培训外，还作为志愿者多次积极参与海南省突发重大水灾和火灾的紧急救援。除每年5月12日“防灾减灾日”定期举办防灾减灾宣传教育活动外，还经常到各单位义务开展防灾减灾宣传教育活动，并多次得到《中国日报》、凤凰卫视、海南省电视台、海口市电视台、《海南日报》《海口日报》《南国都市报》、直播海南等多家新闻媒体的广泛报道，在海南省公共安全领域享有良好的专业声誉。基地已开设的研学项目有危险境地逃生技巧、防身自救常规药品的识别及使用、消防设施的使用、毒品识别、全真4—8级地震震动逃生等。

【场地资源】

海南科教防灾减灾训练基地现有各类安全教育设施设备32套，并配备生命三角区训练、翻越高墙训练、真实火场逃生训练、有限空间作业训练、素质拓展训练等固定设施。

基地停车场 8 亩，可同时停放大巴车 40 辆，同时容纳研学人员 1000 人。

二、研学目标

1. 了解防灾减灾的基本知识。
2. 掌握各类灾害发生时的逃生技巧。
3. 掌握各类防灾设备及用品的正确使用方法。
4. 能识别各类变身包装的毒品。
5. 掌握防身和逃生的基本技巧。

三、研学课程

【课程一】防灾减灾常识（适合各学段学生）

[课程内容]

1. 听研学导师讲解防灾减灾纪念日设立的意义。
2. 观看常见灾害视频。

[知识和能力的检测]

1. 设立防灾减灾纪念日有何意义？
2. 常见的灾害有哪些？

该课程需要 2 学时。

【课程二】防灾设备及用品的使用（适合各学段学生）

[课程内容]

1. 认识常见灭火设备：（1）听研学导师介绍基本的防火设施；（2）观看研学导师的演示；（3）分组练习使用。

2. 防毒面具的使用：（1）听研学导师介绍防毒面具的使用；（2）观看研学导师的演示；（3）分组练习使用。

3. 家庭急救护理：（1）听研学导师介绍家庭急救护理的常识及心肺复苏施救程序；（2）观看研学导师的演示；（3）分组练习使用。

4. 野外受伤的处理：（1）听研学导师介绍野外常见伤害及处理技巧；（2）观看研学导师的演示；（3）分组练习。

[知识和能力的检测]

1. 简述干粉灭火器的适用范围及操作步骤。
2. 用灭火器灭火时，灭火器的喷射口应该对准火焰的（　　）。

A. 上部　　　　B. 中部　　　　C. 根部

3. 用灭火器进行灭火的最佳位置是（　　）。

A. 下风位置　　B. 上风或侧风位置

C. 离起火点 10 米以上的位置　　D. 离起火点 10 米以下位置

4. 一般家庭常见的危重急症有哪些？

5. 一般家庭急救箱常备的药品有哪些？

6. 拨打“119”报火警时，应讲清哪些事项？

7. 对成人进行口对口吹气时，吹气的频率为（　　）。

A. 10—12 次/分钟　　B. 20—24 次/分钟

C. 8—10 次/分钟　　D. 12—20 次/分钟

该课程需要 4 学时。

【课程三】常见毒品的识别（适合各学段学生）

［课程内容］

1. 听研学导师介绍常见毒品的危害。
2. 观看各种常见毒品的外包装。
3. 观看吸毒人群的痛苦经历视频。

［知识和能力的检测］

毒品有什么危害？

该课程需要 2 学时。

【课程四】防身及逃生训练（适合各学段学生）

［课程内容］

1. 自卫防身训练：（1）听研学导师介绍自卫防身术的基本技术手法；（2）观看研学导师的演示；（3）分组练习。

2. 车内逃生演练：（1）听研学导师介绍公交车着火或涉水等险情；（2）观看研学导师在险情发生时的逃生演示；（3）分组练习。

3. 火灾逃生演练：（1）听研学导师讲解消防基本常识及应急逃生技巧；（2）观看研学导师的逃生演示；（3）分组练习。

4. 烟道逃生演练：（1）听研学导师讲解防毒防烟基本常识；（2）观看研学导师在模拟充满浓烟的火场中如何成功逃生；（3）分组练习。

5. 地震逃生演练：（1）听研学导师讲解地震灾害发生时的基本避难方法；（2）通过地震体验平台让学生亲身感受不同级别地震的震动；（3）观看研学导师应急选择避震措施及逃生技巧的演示；（4）分组练习。

［知识和能力的检测］

1. 外面着火且火势很大，被困室内无法逃生时，以下正确的做法是（　　）。

A. 可用浸湿的毛巾、衣物等堵塞门缝，防止毒烟进入

B. 把水泼在门上降温

C. 发出求救信号等待救援

D. 打开房门冲出去

2. 在毒浓烟环境下，逃生前应做好哪些防护措施？

3. 人们在避震自救瞬间首先选择的是（　　）。

A. 保护头部　　B. 保护胸部　　C. 保护双手　　D. 保护双脚

4. 地震发生时，最佳的逃生方法是什么？

该课程每一项需要 2 学时。

四、研学成果展示

基地研学活动结束后，研学导师或老师要根据学生提交的“知识与能力检测”，对学生的研学成果进行点评，并让学生完成研学活动记录表。要求课时 1 学时。

（作者单位：唐少霞，海南师范大学；石正多，琼山中学；黄仕发，海南科教防灾减灾训练基地）

三亚大小洞天研学方案

一、基地资源概况

三亚大小洞天旅游区位于海南省三亚市以西40千米处的南山山麓，毗邻崖州古城，南面临海，距离三亚凤凰机场30千米，距离西线高速入口3.5千米，是国家5A级旅游景区，也是全国科普教育基地，2019年入选省级研学基地。景区始创于南宋（1187年），是海南省历史最悠久的风景名胜区，是中国最南端的道家文化旅游胜地，自古因其奇特秀丽的海景、山景、石景与洞景被誉为“琼崖八百年第一山水名胜”。景区的主要景观包括海滨沙滩景观、海岸岛礁景观、热带雨林风光、风土人情等。2019年1月荣获三亚市第一批全域旅游研学实践教育基地称号；2019年8月荣获全国青少年户外体育活动营地称号。2019年12月荣获海南省第二批省级研学基地称号。

【自然资源】

三亚大小洞天旅游区有秀美的海景、山景和石景。这里的鳌山云深林翠，岩奇洞幽；鬼斧神工凿就的基岩海岸加上万顷碧波，山海之间宛如一幅古朴雄壮的长卷画图，景区内除了有“小洞天”“钓台”“海山奇观”“仙人足”“试剑峰”等历代诗文摩崖石刻之外，还有“南海龙王”“千年不老松”“南海神鳌”等景观，因而自古以来被称为“海山奇观”。小月湾地区自然植被保存完好，每立方厘米负氧离子浓度高达8000—10000个。景区内还分布有三万株“南山不老松”——龙血树，这种形似松而不是松的巨树，有“植物中的活化石”之称，被世界教科文组织列入植物保护名录，是中国二级保护珍贵树种，据考证，龙血树是世界上罕见的长寿树。

【人文资源】

三亚大小洞天旅游区以道家文化、长寿文化及相关历史遗迹和传说著称于世，相传道教南宗五祖白玉蟾也曾隐居于大小洞天，修炼身心，传法布道，留下了仙坛等遗迹；唐代高僧鉴真为弘扬佛法六次东渡日本，曾于第五次漂流至南山大小洞天海岸登岸，留下千古佳话；宋末元初我国棉纺技术革新家黄道婆在这一带采棉纺织，并从这里登船离岸，把崖州的植棉技术和棉纺技术传播到岛外。1962 年，郭沫若到此游览访古，写下了《游崖县鳌山》一诗，并镌刻在小洞天旁；1993 年 4 月 17 日，中共中央总书记、国家主席、中央军委主席江泽民莅临视察并题词："碧海连天远，琼崖尽是春"；1994 年 1 月，全国政协副主席、中国佛教协会会长赵朴初为景区题词"福如东海，寿比南山"。景区依托得天独厚的生态资源、天工造化的山海形胜和深厚的历史文化底蕴修建的"三亚自然博物馆"为学生开展研学旅行提供了丰富的素材。

【场地资源】

三亚大小洞天旅游区占地面积共 38.5 平方千米，其中陆地面积 22.5 平方千米，海域面积 16 平方千米，最大承载量为每天 13000 人。研学授课场所 4 个，其中 2 号游客服务中心场地面积 575 平方米，可以容纳近 300 人；玄妙阁场地面积 90 平方米，可以容纳近 40 人，小月湾会议室可容纳近 25 人；月湾吧场地面积 200 平方米，可以容纳近 100 人。

小月湾酒店专门设有学生宿舍，男女分舍，保障淋浴设施、床铺及床上用品、存储柜等安全卫生。同时，拥有帐篷、房车露营基地，配备有公共洗手间及淋浴间。景区味道海景餐厅共计三层，一楼有学生食堂和自助餐厅，学生食堂可容纳 500 人同时用餐，二楼蓬莱厅是散点围桌餐区（可摆 30 桌）。小月湾餐厅可同时容纳 150 人用餐。

停车场坐落在景区大门内约 300 米处，总占地面积为 6732.18 平方米，其中一号停车场面积 2397.68 平方米；二号停车场面积 2346.7 平方米；三号停车场面积 1204 平方米；四号停车场面积 783.8 平方米。

二、研学目标

1. 了解基岩海岸地貌的形成，学会风向的判断，尝试科学探究的乐趣。
2. 知道离岸流的形成及其危害。
3. 知道化石的类型及其研究意义，了解地球上生命的起源。
4. 诵国学经典，学礼仪，感受国学经典文化的魅力。
5. 学会观察、学会思考，提高同伴交流及合作的能力。

三、研学课程

【课程一】海岸探秘（适合各学段的学生）

［课程内容］

1. 在海边听研学导师讲解大小洞天海岸地貌的特点。

2. 分组观察海蚀平台、海蚀洞及花岗岩的球形风化现象。

3. 听研学导师讲解离岸流的形成及其危害。

4. 分组观察沙滩中沙粒的粗细变化，并绘图标注。

5. 听研学导师讲解海陆风的形成原理，分组用三杯风向仪或纸巾测风向，观察风的来向。

［知识和能力的检测］

1. 为何花岗岩多呈现球状风化？

2. 海蚀平台和海蚀洞是怎么形成的？

3. 海陆风是怎么形成的？白天一定都吹海风吗？

4. 离岸流是怎么形成的？有何危害？如何防范？

该课程需要4学时。

【课程二】保护海洋环境（适合初中、高中学段的学生）

［课程内容］

1. 听研学导师讲解地球上水的类型及水的循环知识。

2. 用试纸检测海水的 pH，并做记录。

3. 听研学导师讲解海洋与人类的关系。

4. 分组在海滩上拾垃圾，讨论垃圾的来源及保护海洋环境的措施。

［知识和能力的检测］

1. 李白诗词中写道“君不见黄河之水天上来，奔流到海不复回”，有没有问题？

2. 海水的 pH 一般是多少？

3. 海洋与人类有何关系？

该课程需要3学时。

【课程三】探秘自然界的生命起源（适合初中、高中学段的学生）

［课程内容］

1. 在自然博物馆，分组参观单细胞的蓝藻化石、恐龙化石及植物化石。

2. 听研学导师讲解化石的形成及其研究意义。

3. 听研学导师讲解叠层石的故事。

4. 记录或拍摄自己所喜欢的化石标本，并向同伴介绍自己所记录化石的名称。

[知识和能力的检测]

1. 什么是化石？化石是怎么形成的？研究化石有何意义？

2. 什么是叠层石？蓝藻细菌对地球生命起源有何贡献？

3. 侏罗纪时期恐龙为何得以繁盛？

该课程需要2 学时。

【课程四】感受国学经典文化的魅力（适合各学段的学生）

[课程内容]

1. 在南山书院参观传统文学书画，记录自己喜欢的书籍和字画。

2. 聆听研学导师讲解海南文化的特质和地位。

3. 在研学导师的指导下，诵经典国学诗词。

4. 参观文房四宝，并在研学导师的指导下临摹书画。

[知识和能力的检测]

1. 简述海南文化的特质和地位。

2. 说出你知道的文房四宝。

3. 分组背诵学习的经典国学诗词，老师现场点评。

该课程需要3 学时。

四、研学成果展示

基地研学活动结束后，研学导师或老师要根据学生提交的“知识与能力检测”，对学生的研学成果进行点评，并让学生填写研学活动记录表。要求课时1 学时。

（作者单位：陈善士，大小洞天旅游区；唐少霞，海南师范大学；谢祥项，海南大学）

★明星基地

陵水椰田古寨景区研学方案

一、基地资源概况

陵水椰田古寨景区位于海南省陵水黎族自治县东线高速英州出口处，地理位置优越，景区交通十分便捷，距陵水县中心城区 25 千米；距三亚市 40 千米，是海南省“大三亚旅游经济圈”的重要组成部分。是集黎族苗族民俗风情、休闲娱乐、黎族苗族文化观光为一体的国家 3A 级旅游景区。该景区也是陵水县非物质文化遗产技艺产品的展示中心、黎锦制作的培训基地。椰田古寨黎族苗族文化旅游区在创建黎族苗族文化研学旅行工作中，累计接待中小学生 1.27 万人次。历经了“百花齐放 · 传承保护”“总结提炼 · 主题明确”“外出学习 · 精准创新”“国际交流 · 弘扬传播”四个发展阶段，现已形成集非遗表演、展示、教学、体验于一体的非物质文化遗产技艺体验研学基地。

【自然资源】

椰田古寨景区有独特的椰树景观，400 多株千奇百态的椰树形成了集中连片分布的椰林特色景观，景区毗邻英州河，山清水秀，风景秀丽。

【人文资源】

椰田古寨现有“古老文化、奇特风情、椰风飘香、神秘傩蛊、小锤叮当”五大黎族苗族风情游览区和一台“欢乐苗家歌舞”演出。景区以独特的角度全方位地展示海南黎族苗族原生态的生活场景：有黎族苗族居住、饮食、农耕、狩猎、宗教信仰、人生礼俗等古老文化的黎族苗族传统文化陈列馆；有百年谷仓、晒谷场、吊脚楼等传统黎族苗族建筑；有钻木取火原始生活方式的展示；有吹树叶、鼻箫等乐器表演及竹竿舞等表演项目；有被誉为中国纺织史上的“活化石”的黎族纺染织绣技艺展示；还有黎族原始制陶技艺、黎族藤竹编技艺、黎族竹木器乐等多项国家级和省级非物质文化遗产的展示。学生在这里不仅可以感受到苗家傩神和放蛊的神秘文化，还能体验黎族传统技艺。

【场地资源】

椰田古寨景区占地面积约 7 公顷，最大承载量为 15000 人，瞬时承载量为 5000 人。景区内配备有制陶体验区和藤编体验区等研学课程开展场地。此外，研学活动场所均设有监控系统，24 小时实时监控，并且景区内配备有医务室、保安等，能充分保障学生的安全。

二、研学目标

1. 了解黎族“泥条盘筑”的制陶工艺，感受传统的黎族陶艺文化。
2. 观察黎锦图案，了解黎锦的色彩搭配和黎锦图案所蕴含的意义。
3. 了解黎族竹木乐器的基础知识，能区分 8 种不同的黎族传统竹木乐器；提高音乐鉴赏能力。
4. 体验吹奏叶笛和鼻箫和竹竿舞表演，感受民族音乐及舞蹈的魅力。
5. 提高学生的动手能力和创作能力。
6. 树立对非物质文化遗产技艺的传承和发扬的意识，传承工匠精神，增强民族归属感。

三、研学课程

【课程一】原始的制陶技艺（适合各学段的学生）

［课程内容］

1. 研学导师向学生讲解黎族原始制陶技艺的起源、发展及传承现状。
2. 在非物质文化遗产传承人的指导下，运用“泥条盘筑”的方法制作陶艺品。
3. 展示各自的陶艺品，研学导师进行点评。

［知识和能力的检测］

1. 下列哪项非物质文化遗产技艺中被称为中国古代制陶史上的“活化石”？（　　）

A. 黎族钻木取火技艺　　B. 黎族原始制陶技艺

C. 黎族藤竹编技艺　　D. 黎锦纺染织绣工具制作技艺

2. 黎族原始制陶技艺是哪一年被列入国家级非物质文化遗产名录的？（　　）

A. 2006 年 5 月 20 日　　B. 2006 年 9 月 20 日

C. 2010 年 5 月 20 日　　D. 2010 年 9 月 20 日

3. 简述黎族“泥条盘筑”原始制陶技艺的特点及方法。

该课程需要2学时。

【课程二】黎锦工艺鉴赏及学习（适合各学段的学生）

［课程内容］

1. 听研学导师讲解黎族纺织图案搭配的意义及传统织锦工艺的基本流程，观看织锦传承人的织锦展示。

2. 分组合作，在研学导师的指导下完成一小幅黎族织锦工艺品。

3. 分组展示织锦品，研学导师进行点评。

［知识和能力的检测］

1. 黎族传统织锦工艺有哪几种？（　　）（多选题）

A. 纺纱　　B. 染色　　C. 挂纱　　D. 刺绣　　E. 织布

2. 黎锦的原料是什么？说说你对黎锦的认识。

3. 你知道黎锦的图案有多少种吗？

该课程需要1学时。

【课程三】神奇的民族乐器（适合各学段的学生）

［课程内容］

1. 一叶知音：（1）研学导师向学生讲述叶笛的故事；（2）听乐队师傅介绍叶笛的吹奏技法，并观看演奏叶笛；（3）在研学导师的指点下体验树叶吹奏。

2. 鼻尖笙箫：（1）听研学导师讲述鼻箫的故事；（2）聆听八音竹木乐器演奏，尝试辨别不同乐器的曲调风格；（3）在八音乐队师傅的指导下，体验吹鼻箫。

［知识和能力的检测］

1. 简述树叶吹奏基本的方法。

2. 说一说鼻箫的历史来源及其特点。

3. 海南省申报的国家非物质文化遗产中黎族传统竹木器乐有哪几种？

该课程每一项目需要1学时。

【课程四】探秘民族技艺（适合初中及高中学段学生）

［课程内容］

1. 学习藤艺技术：（1）参观藤编工艺品展示，记录黎族藤竹编工艺品的名称；（2）听研学导师介绍黎族藤编技艺的工序；（3）观看藤艺技师的编织演示；（4）在技师的指导下，体验编织一件小工艺品；（5）研学导师点评。

2. 学会银饰錾刻技艺：（1）参观苗族常见的银饰品展示，记下你喜欢的银饰品名称；（2）听研学导师讲解苗族银饰的雕花艺术；（3）观看制银技师雕花演示；（4）在技师的指导下，完成银饰的錾刻；（5）研学导师点评。

［知识和能力的检测］

1. 黎族藤竹编织技艺是哪一年被海南省列入省级非物质文化遗产名录的？（　　）

A. 2008 年　　B. 2010 年　　C. 2012 年　　D. 2014 年

2. 简述黎族藤编技艺的工序。

3. 一件精美的银饰的形成需要经过哪几道工艺？

4. 苗族人为什么会崇尚银饰？

上述课程每一项需要 1 学时。

【课程五】竹竿舞的魅力（适合初中及高中学段学生）

［课程内容］

1. 观看竹竿舞表演。

2. 研学导师讲解竹竿舞的基本节奏，并进行示范。

3. 分组在研学导师指导与帮助下，学跳竹竿舞。

［知识和能力的检测］

1. 竹竿舞是海南哪个民族的舞蹈？（　　）

A. 苗族　　B. 黎族　　C. 汉族　　D. 壮族

2. 说一说你对黎族竹竿舞演变的理解。

3. 黎族竹竿舞有什么特点？

该课程需要 2 学时。

【课程六】火种的来源（适合各学段的学生）

［课程内容］

1. 听研学导师讲解钻木取火的原理。

2. 两个同学一组进行钻木取火比赛，看哪组同学最先取出火种。

［知识和能力的检测］

1. 钻木取火的原理是（　　）。

A. 内能转化　　B. 液化　　C. 摩擦生热　　D. 凝华

2. 在我国古代传说中，“钻木取火”的始祖是（　　）。

A. 有巢氏　　B. 神农氏　　C. 庖牺氏　　D. 燧人氏

3. 火在人类历史上是一个重要的发现，你认为钻木取火技艺给黎族人带来了什么？

该课程需要1学时。

四、研学成果展示

基地研学活动结束后，研学导师或老师要根据学生提交的“知识与能力检测”，对学生的研学成果进行点评，并让学生填写研学活动记录表。要求课时1学时。

（作者单位：郑心明，海南陵水中学；王晓健，陵水椰田古寨）

南繁椰岛种种乐研学方案

一、基地资源概况

南繁椰岛种种乐科普基地位于海南省三亚市吉阳区吉南路，以三亚市南繁科学技术研究院丰富的农业科技人才、实验基地、实验设施设备等资源为依托，以“朴门永续”生态农业理念为原则，以“传播科学、注重体验、互动学习、加深认知”为目标，致力于开展中小学生的农业研学旅行科普教育服务。三亚市南繁科学技术研究院，是三亚市政府直属的正处级公益一类科研事业单位。

【人文资源】

三亚市南繁科学技术研究院以南繁研究、南繁服务、南繁成果转化为核心，主要从事南繁育制种、西甜瓜、花卉、水稻、蔬菜、热带设施农业和农业信息化等领域的研发、科研服务和成果转化。已搭建国家南繁科研公共开放实验平台、国家南繁试验区生物安全平台、国家南繁资源信息及商务平台和热带特色现代农业科技支撑平台。科学技术研究院现有1200亩的科研试验基地，1.7万平方米的公共实验室平台，有科技人员55人（其中省级青年科学家2名，具有高级职称8人，硕士和博士20人），并聘请20多名国内知名农业专家为顾问。

【场地资源】

南繁科学技术研究院的部分实验室及农业种植基地能开放给中小学生开展研学活动。南繁椰岛种种乐科普基地附近的海南圣巴厘疗养院，拥有99间双标客房及能容纳100人就餐餐厅，为南繁椰岛种种乐的研学活动提供住宿、餐饮条件。

二、研学目标

1. 感受高科技农业，了解中国农业历程。

2. 知道农业病虫害的传播途径及防治方法。

3. 通过对微农业的观察及体验式学习，拓宽视野，开拓思维。

4. 体验土质的检测过程，掌握土质的检测方法，知道土壤墒情等概念。

5. 激发学生对现代农业科技的探究兴趣，了解开展科学研究的基本方法。

三、研学课程

【课程一】参观农业科普馆（适合各学段学生）

［课程内容］

1. 以班级为单位观看南繁视频宣传片。

2. 听研学导师介绍南繁的发展历程、重要贡献及南繁专家故事等。

3. 以小组为单位（每组人数 20—60 人为宜），在展览厅观看图文资料，了解南繁的贡献。

［知识和能力的检测］

1. 中国杂交水稻之父是（　　）。

A. 颜龙安　　B. 李登海　　C. 袁隆平

2. 南繁鼻祖是（　　）。

A. 颜龙安　　B. 吴绍骙　　C. 袁隆平

3. 南繁育种有何意义？

该课程需要 2 学时。

【课程二】虫害的观测（适合初中及高中学段学生）

［课程内容］

1. 以小组为单位，在植物保护实验室，听研学导师讲解植物病虫害防治知识。

2. 参观植物标本，在研学导师的指导下用显微镜观察害虫。

3. 记录下所观察到害虫的名称及形态。

［知识和能力的检测］

1. 说说你所知道的病虫害防控方法。

2. 说说你所知道的农作物病虫害传播流行的途径。

3. 什么是物理防治？常见病虫害的物理防治有哪些？

该课程需要 2—3 学时。

【课程三】城市微农业探秘（适合各学段学生）

［课程内容］

1. 在“种种乐”有机种植展示基地，听研学导师讲解城市微农业的相关知识。
2. 分组合作体验蔬菜移栽及管理。
3. 分享各自对微农业价值的认识。

［知识和能力的检测］

1. 阳光对农作物起什么作用？（　　）

A. 呼吸作用　　B. 光合作用　　C. 提高温度

2. 植物主要通过什么部位吸收养分？（　　）

A. 叶片　　B. 茎秆　　C. 根部

3. 为什么蔬菜育苗后要进行移栽？

该课程需要 2 学时。

【课程四】小小科学家（适合初中、高中学段学生）

［课程内容］

1. 在土壤实验室，观察土壤检测设备，听研学导师讲解土壤检测意义及基本方法。

2. 分组（每组人数宜 4—6 人）在研学导师的指导下，分别进行土壤酸碱性及土壤养分的检测。

3. 记录检测的结果，并分享自己的体会。

［知识和能力的检测］

1. 肥料的三要素是（　　）。

A. 碳、氢、氧　　B. 氮、磷、钾　　C. 铁、钙、锌

2. 土壤是怎么形成的？
3. 土壤的常规检测项目有哪些？
4. 土壤检测对农业生产有何意义？

该课程需要 2 学时。

【课程五】水耕农业探秘（适合各学段学生）

［课程内容］

1. 听研学导师讲解水耕农业的基本知识。
2. 在研学导师的指导下，观察抗台风设施大棚的构造。
3. 听研学导师讲解水培营养液的配制和使用方法。
4. 分组（每组人数宜 4—6 人）合作完成一次水培种植。

[知识和能力的检测]

1. 为什么没有土壤，植物也能生长？
2. 说说植物必需的营养元素有哪些？
3. 说说你认识的无土栽培及主要方式。

该课程需要 2 学时。

四、研学成果展示

南繁基地课程结束后，各小组需根据本组的活动过程记录、课程数据记录及个人收获等信息，制作一张小组活动思维导图，进行展示分享与讲解，研学导师或老师要根据学生提交的“知识与能力检测”，对学生的研学成果进行点评，并让学生完成研学活动记录表。要求课时 2 学时。

（作者单位：谢晓萍，南繁椰岛种种乐科普基地）

海南南繁科技产业园（广陵农业集团）研学方案

一、基地资源概况

广陵农业集团，于2004年在海南省陵水黎族自治县椰林镇成立，是一家生产经营两系、三系杂交水稻亲本种子和杂交水稻良种，并为南繁科研单位提供科研、生产、生活服务的农业综合性企业。主要业务包括南繁科技服务、杂交水稻亲本繁殖及良种生产、技术产品合作研发三个方面。广陵农业集团服务国家战略，致力打造南繁公共服务平台，已成为国家南繁服务企业的排头兵。

历经15年的艰苦奋斗，广陵农业集团先后获得“国家农业科技创新与集成示范基地”“海南省农业产业化重点龙头企业”“中国种子协会企业信用评价A级信用企业”“全国企业信用评价3A级诚信企业”“海南省扶贫龙头企业”等30余项殊荣和资质，累计承担省部级科研项目15个，拥有通过国家级或省级审定的、企业享有自主知识产权或独占经营权的国家级农作物品种4个、省级农作物品种13个，获得发明专利2项，并先后与中国科学院、海南省农业科学院、中国热带农业科学院、隆平高科、湖北省种子集团等130余家科研院所和种业公司建立了长期的合作关系。

【自然资源】

陵水县属热带岛屿性季风气候，全年高温，干湿季分明，夏秋多雨，冬春干燥，年平均气温25.2℃，年平均降水量为1500—2500毫米，主要集中在每年的8—10月。光照充足，全年无霜，四季常青，是中国少有的天然温室，有“天然温室”“热作种植宝地”之美称，适合水稻繁育制种及反季节瓜菜的种植。海南陵水广陵农业集团陵水安马洋基地淡水资源丰富，水利设施完善，地势平坦，土层深厚，质地较优，有机质较丰富，土地适宜性广，是中国最早的南繁育种基地之一，也是海南冬季瓜菜生产的主要基地之一。

【人文资源】

南繁成就了“杂交水稻之父”中国工程院院士袁隆平，植物遗传和分子生物学家、中国科学院院士张启发，中国“转基因抗虫棉”创始人、棉花育种专家郭三堆，玉米育种专家李登海以及西瓜育种专家、中国工程院院士吴明珠等一批科学家。广陵农业集团作为国家南繁服务企业的排头兵，每年邀请袁隆平、张启发、颜龙安、戴景瑞、谢华安、李登海、种康等院士专家莅临指导，并于2019年3月正式成立了“颜龙安院士工作站”。集团公司将依托“颜龙安院士工作站”创新平台，引进、培养更多的南繁科技人才，让更多院士进站开展南繁科研工作。最终创建成院士工作站群，不断开展技术创新，加快南繁科研成果的转化，积极推进国家南繁科研育种基地和海南自由贸易区（港）的建设。

【场地资源】

广陵农业集团拥有科研育种和繁制种基地2万余亩。其中，5000余亩分布在陵水县安马洋。目前已拥有的现代农业设施设备有：智能育苗工场3个、田间气象站1个、田间频振式杀虫灯6台、太阳能孢子捕捉仪2台，此外还构建了物联网系统、作物生长信息采集终端。适合开展培训及研学活动的会议室2间，其中园区会议室能容纳50人，广陵南繁会议室可容纳300人；广陵农业集团旗下的广陵南繁酒店共有客房120余间，6个风格迥异的餐饮包间和可容纳300人就餐的大厅。酒店位于市中心，交通便利，距离南繁基地2千米。酒店设施设备齐全，配有自助早餐及宴会厅。

二、研学目标

1. 能说出南繁基地建设的重要意义，增强对现代农业及其发展的认识。
2. 能列举科学研究的基本方法，树立坚定科学探索的意识。
3. 通过田间作业的亲身体验，了解农作物的基本耕作方式。
4. 知道农田现代化经营管理的手段及技术，正确认识农业发展方向及趋势。

三、研学课程

【课程一】科学家生平故事讲座（适合各学段学生）

［课程内容］

1. 在会议室听科学家生平故事讲座。

2. 与讲座老师进行互动交流。

［知识和能力的检测］

1. 实现杂交水稻的三系配套，关键在不育系。下列对发现野生稻不育株的科学家和地点说法正确的是（　　）。

A. 颜龙安　三亚南田农场

B. 李必湖、冯克珊　三亚南红农场

C. 谢华安　三亚立才农场

2. 转基因抗虫棉是我国科学家研制成功的一种抗棉铃虫的棉花。被誉为“中国抗虫棉之父”的科学家是（　　）。

A. 郭三堆　　B. 傅廷栋　　C. 李必湖

3. 南繁基地对农业发展有何影响？

该课程需要2学时。

【课程二】“水稻的一生”探秘（适合各学段学生）

［课程内容］

1. 听研学导师或专家讲解水稻生长习性及水稻种植相关知识。

2. 在研学导师的带领下分小组完成“水稻育种实验”。

3. 跟随研学导师在水日中亲身体验插秧过程。

4. 在早稻收割的4—5月及晚稻收割的10—11月，跟随研学导师到田间地头收割水稻，并完成脱穗—脱壳—碾米过程。

［知识和能力的检测］

1. 水稻的一生可分为（　　）两个大的生育阶段。

A. 生殖生长期　　B. 灌浆成熟期　　C. 苗期　　D. 营养生长期

2. 下列关于稻种萌发叙述正确的是（　　）。

A. 低温、干燥长根　　B. 低温、湿润长根

C. 高温、干燥长芽　　D. 高温、湿润长芽

3. 请总结分享在水稻插秧过程中的小技巧及注意事项。

该课程需要6学时。

【课程三】现代农业设施设备探秘（适合初中、高中学段学生）

［课程内容］

1. 实地参观并听研学导师介绍田间气象站、智能育苗工场、田间频振式杀虫灯、太阳能孢子捕捉仪、物联网系统、作物生长信息采集终端等的基本发展概况。

2. 根据研学导师提供的一组田间气象站记录资料，分组讨论其所能反映出的灾害预警，并提出应对措施。

3. 通过观看研学导师的实际操作，意识到智能育苗系统的先进性和科学性。

[知识和能力的检测]

1. 田间气象站不能直接获得以下哪项数据（　　）?

A. 相对湿度　　B. 风向　　C. 降雨时长　　D. 土壤水分

2. 智能育苗系统不包括以下哪个系统（　　）?

A. 灌溉系统　　B. 温湿度调节系统

C. 植株分布密度控制系统　　D. 数据检测控制管理系统

3. 结合人类可参与改造的农业生产要素，畅想未来农业技术发展趋势。

该课程需要 3 学时。

四、研学成果展示

基地研学活动结束后，研学导师或老师要根据学生提交的“知识和能力的检测”，对学生的研学成果进行点评，并让学生填写研学活动记录表。要求课时 1 学时。

（作者单位：马飞燕，海南中学；戴扬、熊怀阳，海南陵水广陵农业集团基地）

☆国家级研学基地

文昌航天科普中心（航天主题乐园）研学方案

一、基地概况

文昌航天科普中心（航天主题乐园）是海南航天发射场的配套项目之一，位于海南省文昌市龙楼·文昌国际航天城，中国文昌航天发射场入口旁，占地 170 亩，由文昌市旅游投资控股有限公司按国家 4A 级旅游景区标准投资建设，是集航天科普暨爱国主义教育、航天科技体验、航天文化展示和航天发射场参观等内容的综合性航天主题体验景区。2017 年被列入全国中小学生研学实践教育基地。

【人文资源】

文昌发射基地是我国四大航天发射基地之一，是中国首个滨海发射基地，也是世界上为数不多的低纬度发射基地之一。该发射基地拥有我国其他航天发射场不可比拟的优势，即发射能力强、运载效率高、射向范围宽、安全可靠、生态环保、利于国际合作。在国际市场上具有极强的竞争优势。该发射基地可以发射“长征五号”系列火箭与“长征七号”运载火箭，并主要承担地球同步轨道卫星、大质量极轨卫星、大吨位空间站和深空探测卫星等航天器的发射任务。未来，我国的探月工程三期飞行器、现代化空间站等都将从这里发射升空。

文昌航天科普中心（航天主题乐园）主要功能是航天科普和科技展示、航天主题娱乐、发射场参观、实时观看火箭发射等。学生在这里不仅可以亲身感受我国一流的航天科技氛围、拓展航天科普知识，而且还能零距离观看发射塔、发射点、飞行器组装等，领略发射基地的壮观与震撼。

【场地资源】

文昌发射场区生态环保良好，椰树掩映，空气清新，环境优美，由发射、技术、试验协作等区域组成。文昌航天科普中心（航天主题乐园）参观区域包括飞行测控中心、航天器总装和加注扣罩厂房、火箭垂直总装厂房、1 号发射塔、2 号发射塔、滨海湿地等。航天文化展示中国航天事业发展辉煌成就的图文和“神舟”十号飞船、航天服等大批珍贵实物；航天科技体验区域将不断完善三维滚环、球幕电影、航天 VR 等体验项目。

停车场能停 70 辆大巴，日接待能力 2000 人。

二、研学目标

1. 了解航天发射的基本知识，激发学生对航天事业的热爱。
2. 通过对发射场的实地参观，领略发射基地的壮观与震撼。
3. 通过水火箭制作实验，提高学生的动手设计及操作能力。
4. 了解航天产业对国民经济建设的影响。

三、研学课程

【课程一】航天发射场探秘（适合各学段学生）

［课程内容］

1. 听研学导师介绍我国航天发射事业及文昌发射基地的建设。
2. 观看航天发展及火箭发射知识等图片展。
3. 坐电瓶车参观卫星发射塔指挥中心，并听研学导师讲解。
4. 坐电瓶车参观飞行器组装中心，并听研学导师讲解。
5. 坐电瓶车参观卫星发射场，并听研学导师讲解。
6. 分组交流参观的收获。

［知识和能力的检测］

1. 文昌卫星发射基地是什么时间建成启用的？主要承担什么任务？
2. 请说出文昌卫星发射基地有何优势？
3. 发射塔架的结构设计需要考虑什么问题？（选做）

该课程需要 2 学时。

【课程二】水火箭模拟卫星发射实验（适合初中及高中学段学生）

［课程内容］

1. 听研学导师讲解导弹的飞行原理及运载火箭发射升空及回收的过程。

2. 根据研学导师布置，分组按要求组装—测试—发射水火箭，完成设计水火箭并发射的任务。

3. 分组交流实验过程的记录及收获。

[知识和能力的检测]

1. 说说火箭发射的原理。

2. 人们习惯上把下列哪些物质通称为火箭发动机的燃料或推进剂（　　）？

A. 燃烧剂　　B. 氧化剂　　C. 还原剂　　D. 催化剂

该课程需要2学时。

【课程三】参观航天文化主题馆（适合各学段学生）

[课程内容]

1. 观看“长征七号”运载火箭在文昌航天发射场点火升空的全过程视频。

2. 听研学导师介绍宇航员在太空中的生活趣事。

3. 观看馆内的各种模型及图片资料。

4. 向基地研学导师咨询火箭发射及航天的相关知识。

[知识和能力的检测]

1. 航天发射基地在选址时一般需要考虑哪些因素？

2. 航天产业与国民经济有何关系？

该课程需要2学时。

四、研学成果展示

基地研学活动结束后，研学导师或老师要根据学生提交的“知识和能力的检测”，对学生的研学成果进行点评，并让学生填写研学活动记录表。要求课时1学时。

（作者单位：唐少霞，海南师范大学；马佚，文昌航天科普中心；王娟，文昌中学）

母瑞山革命根据地纪念园研学方案

一、基地资源概况

母瑞山位于海南省定安县南部，山高林密，地势险要，是琼崖革命的重要根据地，被誉为“琼崖革命的摇篮”，创造了海南革命“二十三年红旗不倒”的奇迹。拥有丰富的红色旅游资源，是海南省红色旅游资源的富集区。这里主要的革命历史事件有：琼崖革命第一次反围剿、琼崖革命第二次反围剿、马鞍山阻击战、岭口之战、答阳武装暴动和内洞山会议；重要革命历史遗存有：母瑞山革命根据地遗址、内洞山革命根据地遗址、皇坡村芬坡乡苏维埃政府遗址、红军潭旧址、抗日誓师大会旧址、司令溪遗址（冯白驹传授革命思想居住地）、岭腰书院（答阳武装革命暴动旧址）和岭口保卫战纪念碑。2005 年被中央确定为全国 100 个红色旅游经典景区之一，景区现存有母瑞山革命根据地纪念园，琼崖特委、琼苏政府旧址，琼崖特委“四大”会议、红军操场、红军医院等革命遗址。

母瑞山革命根据地纪念园是母瑞山红色旅游景区的核心组成部分，始建于 1996 年 8 月 1 日，是在原红军操场司令台遗址上建设起来的，占地 20 亩，总投资 230 万元。母瑞山革命根据地纪念园依托母瑞山丰富的绿色旅游资源，将红色旅游资源与生态环境、文物古迹、风情民俗等其他旅游资源很好地整合在一起，增强了红色旅游的吸引力、感染力，是一处难得的综合性红色旅游目的地。

【自然资源】

母瑞山革命根据地纪念园坐落于群山环抱的海南省定安县中瑞农场场部，这里是海南的革命圣地，不仅红色旅游资源丰富，而且还有原生态的山野风光和优美的乡村环境，丰富的热带森林资源，一流的生态环境，水库、溪流、森林、山体等旅游资源更为红色旅游与绿色乡村旅游相结合奠定了基础。

【红色旅游资源】

母瑞山革命根据地纪念园中央建有冯白驹将军和琼崖革命主要奠基人王

文明主席两人3.5米高的铜像，园中还建有陈列馆、接待室、值班室、题词亭、湖中亭、假山池、两座石狮子、大门、围墙、停车场等，总建筑面积5394.6平方米。其中陈列馆为建筑面积689.46平方米的两层楼，馆内陈列了海南在整个新民主主义革命时期四个阶段的革命斗争史料及珍贵文物，包括琼崖纵队战士使用过的各种生活用品、工作用品、武器、旗帜、印章、历史照片等，展馆共有四个展区，运用场景还原、照片重现等展览手法，根据琼崖革命斗争的时间顺序，分为革命洪流中的琼崖曙光、琼岛“井冈”上的革命火种、母瑞山火种点亮琼崖、母瑞山精神永放光芒4个部分。母瑞山革命根据地纪念园是全国爱国主义教育基地、海南省革命纪念建筑物保护单位。2001年6月，母瑞山革命根据地纪念园被中宣部定为全国爱国主义教育示范基地；2018年，被列为海南省第一批研学旅行实践教育基地。

【场地资源】

1. 停车：母瑞山驿站停车场。

2. 活动场地：环形广场（拓展活动区域）、红军广场（拓展活动区域）、园区广场；展览馆、红色文化教学园区（教学区域）。

3. 住宿：母瑞山村民宿（可同时容纳240人住宿）。

二、研学目标

1. 引导广大青少年认清自己的“根”和“魂”，坚定不移地用习近平新时代中国特色社会主义思想武装头脑，听党话，感党恩，跟党走，担当起民族复兴的大任。

2. 引导青少年认识中国共产党是怎样领导人民从站起来、富起来到强起来的发展历程，从而坚定对党对国家未来发展的信心，增强传承红色基因的自觉性。

3. 了解红色基因的孕育发展、红色基因的深刻内涵、红色基因的时代价值，争做有理想有信仰的时代新人。

三、研学课程

【课程一】聆听母瑞山革命精神，传唱革命歌曲（适合各学段学生）

[课程内容]

1. 聆听“红色”故事，学习“母瑞山革命精神”。由研学导师讲解“母瑞山革命精神”，了解革命先辈王文明、冯白驹的英雄故事，掌握母瑞山革命根据地建立的历史背景。

2. 研学导师带领学生举行入团宣誓、入队宣誓。继承和发扬母瑞山“崇高理想、坚定信念、不怕牺牲、勇于献身、相信群众、依靠群众、自力更生、艰苦奋斗”的革命精神，不忘初心，牢记使命。

3. 在研学导师的带领下歌唱《万泉河水清又清》《三大纪律八项注意》。

［知识和能力的检测］

1. 海南革命摇篮指的是（　　）。

A. 五指山　　B. 母瑞山　　C. 井冈山　　D. 太行山

2. 琼崖革命面临着两次生死攸关的考验，以______和______为代表的琼崖共产党人在母瑞山带领军民群众探索出一条正确的革命道路，顽强地保存了琼崖革命的火种。

3. 畅谈自己在歌唱革命歌曲时的感受。

该课程需要 3 学时。

【课程二】参观展览馆（适合各学段学生）

［课程内容］

1. 分组在研学导师的带领下参观展馆。

2. 找出证明“革命洪流中的琼崖曙光”的照片、实物、文献、场景。

3. 找出证明“琼岛‘井冈’上的革命火种”的照片、实物、文献、场景。

4. 找出证明“母瑞山火种点亮琼崖”的照片、实物、文献、场景。

5. 找出证明“母瑞山精神永放光芒”的照片、实物、文献、场景。

6. 各组派代表介绍自己参观后的感觉。

［知识和能力的检测］

1. 1928 年 2 月，依照中央将工农革命军一律改为工农红军的指示，中共琼崖特委将“琼崖工农革命军”改为________，将“农军”改为________。

2. 1931 年 5 月，中共琼崖特委决定成立________________。这就是著名的“红色娘子军”。

3. 1928 年 12 月，王文明在乐会四区文魁岭橡胶园主持召开干部会议，讨论坚持农村斗争问题。并带领红军和琼崖苏维埃政府直属机关转移到母瑞山，开辟了________________。

该课程需要 2 学时。

【课程三】重走红军路（适合各学段学生）

［课程内容］

1. 举行授旗授番号仪式。在红军广场列队参加授旗授番号仪式，感受红军队伍纪律严明、朝气蓬勃的精神面貌，培养团队荣誉感及队伍的纪律性、组织性。

2. 队列训练。训练动作有：立正、稍息、跨立、齐步走、原地踏步、停止间转法、敬礼、礼毕。

3. 在研学导师的带领下重走红军路：

线路 1：参观红军桥下遗址：红军医院—红军剧团—红军供销社—红军缝衣组—红军交通处。全程约 1 千米，需要 1 小时左右。

线路 2：参观红军潭：纪念园—琼苏维埃政府—红军师部—琼崖特委—军械厂遗址—红军潭。全程约 4 千米，需要 3 小时左右。

［知识和能力的检测］

通过徒步行军活动，回望艰苦历史，对比现在幸福生活，有什么深刻感触？

该课程需要 3—6 学时。

【课程四】学会团队协作（适合各学段学生）

［课程内容］

1. 巨人脚步游戏：每队 10 人，在研学导师的带领下 10 个人安排站成一列，将巨人脚步的带子分别放在脚的两侧，每侧一根，然后依次让每个人将左右脚分别套上带子的圈里（套在脚踝部位；另外人数不足 10 人时，多余的部分要绑在最后一个人的腿上）；待 10 个人全部套好之后，由最前面的人或者单独安排一个人来指挥整个团队前进。先练习 10 分钟左右，然后开始比赛，同样的行程，行走时间最短的队获胜。

2. 鼓舞飞扬游戏：每组 4 人，每组的道具：鼓、拉绳、皮球。

（1）每人负责牵一根或两根鼓上的绳子，将绳子拉直；（2）然后由一人专门负责抛皮球；（3）当球水平降下，参与者要用鼓将球接住，并且要保证球不会掉落到地上；（4）以鼓接球数量多少决定胜负。

［知识和能力的检测］

每组派代表谈谈参加“巨人脚步游戏”“鼓舞飞扬游戏”活动有何感受？

每一项目活动需要 30—60 分钟。

四、研学成果展示

基地研学活动结束后，研学导师或老师要根据学生提交的“知识和能力的检测”，对学生的研学成果进行点评，并让学生填写研学活动记录表。要求课时 1 学时。

（作者单位：李攀朝，母瑞山革命根据地纪念园；谢鲲周，定安中学）

中国（海南）南海博物馆研学方案

一、基地资源概况

中国（海南）南海博物馆位于海南省琼海市潭门，距离博鳌亚洲论坛会址 9 千米，由华南理工大学何镜堂院士担纲设计，融合现代美学风格与中国文化元素，取义“丝路逐浪，南海之舟”。是一座旨在展示南海人文历史、自然生态，保护南海文化遗产，促进“海上丝绸之路”沿线国家和地区文化交流的综合性博物馆。

中国（海南）南海博物馆分为南北两区，南区是主要的展览区域，有 8 个室内展厅和 1 个敞开式室外展廊，设文创销售区、儿童互动区、公共服务区及接待区等，重在博物馆陈列展览功能；北区作为辅助性功能区，有 2 个展厅，主要用于引进临时展览，设多功能厅、会议报告厅、接待厅、文创销售区和观众餐厅、书店等，满足参观、旅游、会议和文化休闲等功能需求，重在博物馆的社会化服务功能。

【文化资源】

中国（海南）南海博物馆现有各类藏品 7 万多件，包括历代外销文物、南海生物标本、海南历史文物、历代船模等。馆内有基本陈列“南海人文历史陈列”和“南海自然生态陈列”，专题展览“八百年守候——西沙华光礁Ⅰ号沉船特展”“探海寻踪——中国水下考古与南海水下文化遗产保护”，临时展览“源同流异——馆藏清代外销艺术品展”“南海识贝——南海海洋贝类专题展”等，充分展示南海人文历史、自然生态、文化遗产保护以及我国与南海周边国家的经贸交往、文化交流，促进“海上丝绸之路”沿线国家和地区之间的文化交流与合作。

【场地资源】

中国（海南）南海博物馆占地 150 亩，总建筑面积 70593 平方米，其中展陈面积 2.7 万平方米，文物库房面积 7900 平方米。博物馆开放时间段为周二至周日上午 9 点至下午 5 点，周一闭馆，法定节假日正常开放。研学课程开放时间为上午 9:30—11:00，下午 2:00—3:30（建议参加研学的最佳人数为 30 人左右）；不同时间，研学课程可能会有变化，具体以与工作人员沟通的实际情况为准；同一时间段，最多可预约两项课程，共可以容纳 120 人左右。南区停车场有小轿车车位 72 个、大巴车车位 17 个，北区停车场有小轿车车位 190 个、大巴车车位 15 个，南区、北区停车场车位总共 294 个。

南海餐厅（北区一层）最多可容纳 100 人，人均消费 30 元左右；若研学的学生较多，则馆里无法解决用餐。如需住宿，琼海博鳌金湾康斯宾悦度假酒店位于琼海市博鳌镇滨海大道 8 号融创博鳌金湾园区，距离中国（海南）南海博物馆约 2 千米，房价约为 350/天；也可以选择在博鳌镇（距博物馆约 9 千米，价格 100/天—1000/天不等）寻找宾馆住宿。

【备注】

中国（海南）南海博物馆为正处级公益一类事业单位，对公众免费开放，参加研学课程的单位凭加盖公章的报名表原件到票务中心取票即可入馆。报名表可以到微信公众号“中国（海南）南海博物馆”自行下载，也可致电博物馆服务中心，工作人员可将报名表模板发至单位邮箱。到中国（海南）南海博物馆开展研学活动首先需要填写“报名表”，确认好要参加的研学课程、日期以及前来参加课程的人数，以班级为单位填表，加盖学校公章，再以 PDF 电子版或者是传真的形式发送至博物馆。届时凭报名表原件到票务中心取票即可入馆。

二、研学目标

1. 学会从图中获得有用信息。

2. 通过对观看“华光礁Ⅰ号”视频及对水密隔舱船模型观察，认识了解南宋时期中国的造船技术和“海上丝绸之路”贸易往来的历史，从而树立民族自豪感。

3. 学生能够将生物学概念和观察到的生命现象结合起来，形成“结构与功能观”“进化观”等生命观念。

4. 通过手工拼装船模，让学生了解船体的基本结构，并感受中国古代造船技术的高超，增强学生的民族自信心。

5. 学会与他人合作、与他人交流。

三、研学课程

【课程一】蓝色南海——我的家（适合初中及高中学段学生）

[课程内容]

1. 读图找家乡及邻国：研学导师将事前准备好的中国地图、尺子发给各组学生（每组人数宜 10 人），让学生看图。(1) 找到自己的家乡及海南省的位置；(2) 通过测量及换算说出家乡与海南的距离；(3) 指图说出南海周边有哪些主要的国家。

2. 在博物馆中寻找可以证明南海诸岛及其周边海域是我国不可分割领土的证明材料：各小组同学在研学导师的带领下进入博物馆。(1) 通过拍照形式寻找能证明南海是我国不可分割的领土的材料，可以是文字材料，也可以是古人生产生活的遗迹、痕迹图片；(2) 各组派代表介绍本组找到的佐证。

3. 在图上标出“海上丝绸之路”上的国家。

[知识和能力的检测]

1. 共建“一带一路”有何意义？

2. 中国海洋国土面积有多大？南海的面积又有多大？

3. 举出实例说明中国对南海诸岛及其周边海域拥有无可争辩的主权。

4. 影响中国对外贸易重心由陆路转向海路的商品是（　　）。

A. 丝绸　　B. 铁器　　C. 漆器　　D. 瓷器

5. 中国对外贸易重心由陆路转为海路始于（　　）。

A. 汉代　　B. 魏晋南北朝　　C. 宋代　　D. 唐代

该课程需要 4 学时。

【课程二】海洋知识大课堂（适合小学及初中学段学生）

[课程内容]

1. 在研学导师的带领下，参观“南海自然生态陈列”，观看红树林标本及红树林涨退潮动态演示模型。

2. 听研学导师或老师讲解红树林及珊瑚礁对海岸生态环境的作用。

3. 分组观察博物馆内各种贝类及鱼类的形态，并记录下自己熟悉的贝类及鱼类。

4. 分组在研学导师的指导下制作机械仿生鱼。

[知识和能力的检测]

1. 2 月 2 日是世界湿地日，我国目前有 22 个国家级湿地公园，海口市荣获全球首批国际湿地城市称号。以下不属于湿地生态系统特点的是（　　）。

A. 湿地是在多水和过湿的环境条件下形成的

B. 湿地具有净化水源、蓄洪抗旱的作用

C. 湿地是生物多样性最丰富的生态系统

D. 沼泽是最典型的湿地生态系统

2. ＿＿＿＿＿是最大的生态系统；＿＿＿＿＿生态系统是“绿色水库”；＿＿＿＿＿生态系统是“地球之肾”。

3. 珊瑚是生物吗？为什么？

4. 为什么说红树林和珊瑚礁是海岸卫士？

该课程需要2学时。

【课程三】感受中国古老造船技艺的魅力（适合初中及高中学段学生）

［课程内容］

1 在研学导师的引导下，观看“八百年守候——西沙华光礁Ⅰ号沉船特展”，了解南宋时期海上贸易的鼎盛概况。

2. 听研学导师讲解福船知识，并分组拼装船模。

3. 各组展示船模成果。

［知识和能力的检测］

1.“华光礁Ⅰ号”沉船属于哪个时期（　　）？

A. 唐代　　B. 南宋　　C. 西汉　　D. 明代

2.“海上丝绸之路”最早开辟于哪个朝代？这条航线的开辟有何重大历史意义？

该课程需要4学时。

四、研学成果展示

基地研学活动结束后，研学导师或老师要根据学生提交的“知识和能力的检测”，对学生的研学成果进行点评，并让学生填写研学活动记录表。要求课时1学时。

［作者单位：于俊玲、何永刚，海口市一中；吴多仿，海南白驹学校；孙梦圆，中国（海南）南海博物馆］

海南槟榔谷黎苗文化旅游发展有限公司研学方案

一、基地资源概况

海南槟榔谷地处北纬18°，位于海南省保亭县甘什岭自然保护区境内，景区创建于1998年，规划面积5000余亩，距三亚亚龙湾海岸26千米，距三亚市区28千米。2015年7月，槟榔谷荣膺“国家5A级旅游景区”称号，并分别获国务院、文化部、农业部颁发的“全国民族团结进步模范集体”“国家文化出口重点项目”“全国休闲农业与乡村旅游五星级企业”“海南省中小学研学旅行实践教育基地”“国家级中小学研学旅行实践教育基地”“港澳青少年内地游学基地”等多项国家荣誉称号。槟榔谷还是海南黎族苗族传统“三月三”及“七夕嬉水节”的主要活动举办地之一。

【自然资源】

由于气候炎热、雨量充沛、湿度较大，适合各种植物生长，是动植物极为丰富的热带森林区。这里古木参天、藤蔓交织，有榕树、橡胶树、棕榈树，还有槟榔、椰子、榴梿、芒果、木瓜、荔枝、莲雾、菠萝、柠檬等热带水果。

【人文资源】

景区由非遗村、甘什黎村、谷银苗家、田野黎家、《槟榔·古韵》大型实景演出、兰花小木屋、黎苗风味美食街七大文化体验区构成，风景秀丽。槟榔谷景区内展示的国家级非物质文化遗产有10项，其中“黎族传统纺染织绣技艺”被联合国教科文组织列入非物质文化遗产急需保护名录，在槟榔谷师生们可以看到非物质文化遗产“船形屋”“黎族服饰”，欣赏“海南八音乐器”，体验“黎族原始制陶”“钻木取火”“黎族打柴舞”等具有少数民族特色的项目。

【场地资源】

槟榔谷悠黎客研学基地以海南槟榔谷黎苗文化旅游度假为基础而建立，总投资2000多万元，占地面积1000亩，拥有住宿场所，可供学生住宿的房间共53间，每间房摆放4张上下铺，配有两个卫生间；餐厅可同时容纳200人就餐；可供学生开展研学活动的场所有：能容纳120人的大课室1间，能容纳60人的课室1间，能容纳200人的活动室1间，攀岩场地1个（岩面高6米、8米、10米、12米），射箭场地1个，100人露营区域1个，皮划艇场地1个（配有码头、4个赛道），用于存放研学活动教具的仓库1间，教学道具1313件，涉及攀岩涉水项目的道具均具备器材检验合格证。

基地设有无死角的监控系统，24小时实时监控，监控资料保存30天以上，设有1间应急医务室，配有2名医生，基地还配有急救箱、各种急救药品，研学基地的研学导师经过专业培训，能开设基地推出的所有研学课程。

二、研学目标

1. 能说出海南黎族国家非物质文化遗产的项目及意义。
2. 能识别和欣赏海南黎族的八音器乐。
3. 观察、体验、分享黎族纺织、蜡染和扎染、制陶技艺、船形屋技艺。
4. 树立民族文化的自信，学会与人合作。
5. 通过参加富有挑战性的体育项目，树立自信。

三、研学课程

【课程一】黎族非遗文化讲座及参观（适合各学段学生）

［课程内容］

1. 在大课室听黎族非遗文化讲座。
2. 分组分别到相关场所参观黎族非遗产品展览，每组人数宜30—40人。

［知识和能力的检测］

1. 请说出保护非物质文化遗产的价值。
2. 下列对海南省列入国家级非物质文化遗产名录的说法正确的是（　　）。

A. 第一批9项，第二批11项，第三批6项

B. 第一批9项，第二批11项，第三批5项

C. 第一批10项，第二批10项，第三批6项

3. 海南省被列入联合国教科文组织非物质文化遗产的是（　　）。

A. 黎族传统纺染织绣技艺

B. 黎族原始制陶技艺

C. 黎族船形屋搭建技艺

该课程需要 2 学时。

【课程二】 黎族纺织织绣技艺学习（适合初中及高中学段学生）

［课程内容］

1. 黎族手工艺制作者展示纺织、织绣技艺，学生观看并听研学导师讲解相关内容。

2. 以小组为单位（每组人数宜 5—8 人），合作完成一件纺织、织绣品。

3. 各小组展示分享各自的作品。

［知识和能力的检测］

1. 请说出黎锦工艺主要包括哪四项工艺。

2. “黎族传统纺染织绣技艺”（黎锦）于（　　）年被联合国教科文组织列入首批急需保护的非物质文化遗产名录。

A. 2008　　B. 2009　　C. 2010　　D. 2011

3. 请分享体验纺织、织绣过程后你所总结的小技巧。

该课程需要 4—6 学时。

【课程三】 黎族蜡染和扎染技艺学习（适合初中及高中学段学生）

［课程内容］

1. 黎族手工艺制作者展示蜡染和扎染技艺，学生观看并听其讲解相关内容。

2. 以小组为单位（每组人数宜 4—6 人），合作完成一件蜡染和扎染作品。

3. 各小组展示分享各自的作品。

［知识和能力的检测］

1. 请说出中国古代三大印花技艺。

2. 请说出扎染和蜡染的区别。

该课程需要 4—6 学时。

【课程四】 黎族原始制陶技艺学习（适合初中及高中学段学生）

［课程内容］

1. 黎族手工艺制作者展示制陶技艺，学生观看并听其讲解相关内容。

2. 以小组为单位（每组人数宜 4—6 人），合作完成一件陶艺作品。

3. 各小组展示分享各自的作品。

［知识和能力的检测］

1.（　　），黎族原始制陶技艺经国务院批准列入第一批国家级非物质文化遗产名录。

A. 2006 年 5 月 20 日　　B. 2008 年 5 月 20 日　　C. 2010 年 5 月 20 日

2. 请分享制陶过程中印象最深的一件事，并说明原因。

该课程需要 3 学时。

【课程五】黎族船形屋搭建技艺学习（适合初中及高中学段学生）

［课程内容］

1. 听研学导师讲解黎族船形屋的由来。

2. 以小组为单位（每组人数宜 6—8 人），合作完成一件船形屋的搭建。

3. 各小组展示分享各自的作品。

［知识和能力的检测］

1. 以下（　　）展示的是船形屋。

A.  B.  C. 

2. 请说出号称海南“黎族最后一个古村落”的村落名称，该村落的船形屋是保存得最完整的自然村落之一。

3. 请分析船形屋得以在海南世代流传的原因。

该课程需要 3 学时。

【课程六】小小音乐家（适合初中及高中学段学生）

［课程内容］

1. 欣赏非遗传承人演奏黎族八音器乐及其他现代乐器。

2. 非遗传承人教授黎族八音器乐。

3. 以小组为单位尝试用八音器乐演奏一首曲子。

4. 非遗传承人对各小组的演奏进行点评。

［知识和能力的检测］

1.“八音”一词源自中国古代对乐器的统称，请说出这八大类古代乐器。

2. 请说出海南省申报国家非物质文化遗产黎族竹木器乐包含的八种器乐类型。

3. 请就如何传承和发扬八音器乐文化，谈谈你的看法。

该课程需要 2 学时。

【课程七】皮划艇竞赛（适合初中及高中学段学生）

［课程内容］

1. 听研学导师讲解皮划艇的基本知识和技能。
2. 分小组（每组 10 人左右）开展皮划艇竞赛。
3. 各小组分享交流经验心得。

［知识和能力的检测］

1. 皮划艇最早于（　　）年成为奥运会项目。

A. 1924　　B. 1936　　C. 1948　　D. 1960

2. 皮划艇运动是一项（　　）运动。

A. 上身运动　　B. 手臂运动　　C. 下身运动　　D. 全身运动

该课程需要 2—3 学时。

四、研学成果展示

基地研学活动结束后，研学导师或老师要根据学生提交的“知识和能力的检测”，对学生的研学成果进行点评，并让学生填写研学活动记录表。要求课时 1 学时。

（作者单位：刘超诚，海南槟榔谷；唐少霞，海南师范大学）

海南铁路博物馆研学方案

一、基地资源概况

海南铁路博物馆位于海南省东方市八所镇滨海南路。博物馆建筑面积共4000平方米，分为室内展区和室外展区，室内展区分3个馆，室内建筑占地2000平方米；室外展区占2000平方米。其中1号馆建于1941年，是日军侵占海南时修建的指挥部，栋深灰色三层楼房，在解放后被改为海南铁路总公司办公楼。2号馆属原海南铁路办公楼，始建于1973年。3号馆由原海南铁路总公司办公楼改建而成。博物馆不仅存有大量关于粤海铁路的图片、文献资料，还放有曾经运行过的列车。海南铁路博物馆是海南规模最大、史料最丰富、最具史迹教育的铁路博物馆，是人们了解海南铁路沧桑巨变历史的窗口。该馆于2018年10月11日入选“全国中小学生研学实践教育基地”名单。

【历史文化资源】

该博物馆的室内展区的文献资料，包括历代铁路修建文献、铁路恢复文献、铁路生产营运文献及海南历史文物；馆内陈列的图片及文物资料包括：铁路侵占历史陈列、铁路恢复历史陈列、铁路部件陈列；专题实物及模型展览包括：6499蒸汽机车，ND2型内燃机车，1941年日本制造的GW97380公务车，誉称“美龄号”、1939年日本制造的K3矿石车，1940年日本制造的吊车，1965年武汉制造的S11守车，1970年齐齐哈尔制造的抓煤机，1984年罗马尼亚制造的ND2型内燃机车，1986年山西大同机车厂制造的建设型蒸汽机车，馆内还存放有起道机、直轨器、铁道夹板、蒸汽机车等火车部件及铁矿石标本。

【场地资源】

铁路博物馆可供学生开展研学活动的场所包括：能容纳150人的大课室1间，能容纳200人的活动室2个，户外展区1个。

二、研学目标

1. 了解海南铁路沧桑巨变的历史，树立民族荣辱感和自豪感。

2. 通过观看图片、文献资料及实物，真正认识到海南铁路发展的历史意义。

3. 加深对火车及轨道知识的了解。

三、研学课程

【课程一】铁路沧桑史（适合各学段学生）

［课程内容］

1. 参观海南铁路博物馆，听研学导师讲解海南铁路发展历程。

2. 分组查找能证明日军对海南铁路掠夺及中国人民抢修铁路的文献资料，并做好记录。

3. 分组交流自己的观后感，并展示自己找到的资料（每组人数宜10人）。

［知识和能力的检测］

1. 日本在海南东方修建第一条铁路的主要目的是（　　）。

A. 帮助海南发展　B. 运输武器　C. 客运经营　D. 运输铁矿

2. 日本在海南东方修建第一条铁路的始终点是（　　）。

A. 东方至汉河　B. 田独至河口　C. 汉河至石碌　D. 东方至石碌

3. 日本为什么选择在海南东方修建铁路对石碌铁矿进行掠夺？

4. 分析日本掠夺海南矿产资源的原因（答出2个要点）。

该课程需要4学时。

【课程二】火车知识探秘（适合各学段学生）

［课程内容］

1. 听研学导师讲解火车及轨道的基本知识。

2. 在馆内选择自己喜欢的火车，认真观察其形态及轨道。

3. 绘出自己喜欢的火车及轨道图样或用手机拍下自己喜欢的火车及轨道照片。

4. 展示绘制图或拍摄的照片。

［知识和能力的检测］

1. 从外形上看内燃机车与电力机车有何区别？

2. 火车在运行中，需要改变轨道转变方向，应该怎么操作？

该课程需要2学时。

四、研学成果展示

基地研学活动结束后，研学导师或老师要根据学生提交的“知识和能力的检测”，对学生的研学成果进行点评，并让学生填写研学活动记录表。要求课时1学时。

（作者单位：陈国玲，洋浦中学；杨永才，海南铁路博物馆）

海南鹦哥岭国家级自然保护区（鹦哥嘴分站）研学方案

一、基地概况

海南鹦哥岭自然保护区位于海南省中南部，其山岭是海南三大山脉黎母岭山脉的主体，主峰海拔1812米，为海南岛第二高峰，总面积50464公顷，跨白沙、琼中、五指山、乐东、昌江五县（市），是海南省陆地面积最大的保护区。鹦哥岭自然保护区于2004年经海南省人民政府批准成立；2014年12月经国务院批准为国家级自然保护区。近年来在团队建设、保护管理、科学研究、社区共建、人员培训、自然教育等方面开展了卓有成效的工作，成为海南生态保护事业的新亮点。

2013年先后被共青团中央授予“全国大学生社会实践基地”、海南省委宣传部授予“海南省社会主义核心价值体系实践基地”。2017年12月被教育部授予首批“全国中小学生研学实践教育基地”。2019年7月北京大学附属中学在保护区挂牌“海南鹦哥岭自然保护区生物多样性考察基地”。

【自然资源】

海南鹦哥岭自然保护区是我国一处非常重要的热带山地雨林类型保护区，具有海拔高、垂直带谱完整、生态类型丰富、原始性强等特点，在中国自然保护区体系中有不可替代的作用。保护区是海南岛第一大河流南渡江和第二大河流昌化江的主要水源地之一，被视为海南人民的“水塔”。保护区保存着华南连片面积最大的原始热带雨林，是我国热带生物资源最丰富的区域之一，目前已记录到维管束植物2262种，其中国家一级保护有4种；国家二级保护有25种。记录到脊椎动物481种，其中国家一级保护动物5种；国家二级保护动物49种；记录到了鹦哥岭树蛙等33种科学新种。

【场地条件】

鹦哥岭保护区管理站设办公室、保护科、财务科、社区宣教科、科研监测科、信息技术科6个部门，已建成番阳、南开、元门及鹦哥嘴4个分站，南发岭、红坎、高峰3个护林点。其中位于琼中黎族自治县什运乡的鹦哥嘴分站，是集森林资源管护、科学研究、环境教育、人员培训、生态旅游为一体的管理分站。这里交通便利，环境优美，能同时满足室内和户外教学活动需求。且有容纳50人住宿的宿舍楼，餐厅能同时容纳80人就餐，还有一间能容纳100人学习的多媒体会议室。停车场能同时停3辆大巴车。

二、研学目标

1. 通过对动植物的观察，能识别常见动植物种类的形状及特性，尝试科学探究的乐趣。

2. 通过室内讲解与野外体验了解热带雨林的特征、作用，参与雨林保护。

3. 学会合作，学会分享。

三、研学课程

【课程一】认识热带雨林（适合各学段学生）

［课程内容］

1. 研学导师在多功能报告厅向学生讲解热带雨林的分布及其环境效应。

2. 在研学导师的引导下，到热带雨林展览馆，观看不同历史时期人类对雨林的开发利用场景和实物，思考保护雨林的重要性。

3. 以小组为单位，徒步体验林区的气温、植被、环境与林外的区别，并将自己的感受与伙伴交流。

［知识和能力的检测］

1. 说一说你对热带雨林的认识，热带雨林有哪些环境效益？

2. 我国热带雨林主要分布在（　　）。

A. 海南岛、西双版纳　　B. 广东、广西

C. 台湾、福建　　D. 东北、西北

该课程需要2学时。

【课程二】雨林动植物的初探（适合各学段学生）

［课程内容］

1. 认识雨林植物板根现象：以小组为单位，在研学导师的引导下，实地观察热带雨林植物的板根现象，用自己的语言对这一现象进行描述。

2. 观赏植物美景，品尝野果或制作花茶：3月底到8月初观赏满山遍野灿烂的桃金娘花，品尝甘甜的桃金娘果，从花、果及枝叶对桃金娘进行识别。

1 月底至 3 月底，观赏木棉花（英雄花），描述木棉树的形状，体验用木棉花制作花茶。

3. 户外观鸟：以小组合作学习的方式，在研学导师的引导下，在园区内利用望远镜及观测设备观察停留在枝头与树林深处的不同鸟类，一边观测一边在鸟类教学图册上对观测到的鸟类进行识别和分类，记录鸟类的相关知识及识别技巧，进行组内分享。

[知识和能力的检测]

1. 想一想热带雨林中高大乔木植物的板根现象是如何形成的？

2. 说说木棉树的形态特征。

该课程需要 4 学时。

【课程三】 雨林植物调查（适合初中及高中学段学生）

[课程内容]

1. 野外方向的辨别：在研学课室内听研学导师讲解野外方向的辨别，掌握 GPS 的使用方法。

2. 定向越野及植物调查：分小组，在研学导师的引导下，利用保护区提供的地图，沿着规定的路线行走，寻找自己熟悉的植物，找到植物时，利用 GPS 确定植物的经纬度；判断植物位于营地的方位；拍下植物的图片，做好标注；并在地图上做记录，最后小组之间进行比拼，看哪个组找到的植物最多。

[知识和能力的检测]

1. 野外如何用手表辨别方向？

2. 野外如何利用花草树木辨别方向？

3. 野外如何利用立竿辨别方向？

该课程需要 3 学时。

四、研学成果展示

基地研学活动结束后，研学导师或老师要根据学生提交的“知识和能力的检测”，对学生的研学成果进行点评，并让学生填写研学活动记录表。要求课时 1 学时。

（作者单位：唐少霞，海南师范大学；刘梁珍、张顺宾，华中师范附中琼中中学；周薇，海南鹦哥岭国家级自然保护区）

中国热带农业科学院热带作物品种资源研究所（儋州）研学方案

一、基地资源概况

中国热带农业科学院热带作物品种资源研究所（以下简称品资所），位于海南省儋州市宝岛新村，始于1958年成立的华南热带作物科学研究院热带作物栽培研究所，1996年更名为华南热带农业大学和中国热带农业科学研究院。2007年8月14日，华南热带农业大学和海南大学合并之后，海南热带植物园归中国热带农业科学院管辖。经过60多年的发展，园区现占地面积100公顷。

海南热带植物园是我国热带地区十分重要的热带作物科研教育基地、试验示范基地和物种基因库，填补了海南观光农业及生态旅游的空白，成为我国热带农业考察重点单位。品资所管理海南热带植物园期间，先后被授予"全国青少年科技教育基地""全国科普教育基地""海南省青少年科技教育基地""海南旅游定点单位""全国中小学生研学实践教育基地"等多项荣誉。

【自然资源】

热带植物园内设有八大核心景点：水生植物区、香料植物区、药用植物区、竹林区、经济林木区、棕榈植物区、热带果树区、观赏植物区。园内共有源自40多个国家的2600多种热带、亚热带植物，其中国家保护濒危植物50多种、热带花卉750多种、南药资源1000多种，是中国热带植物资源的宝库，也是世界热带作物资源的缩影。这里瑶草琪花，争奇斗艳，珍稀树木，郁郁葱葱，被中外誉为"热带植物王国"。令人目不暇接的各种植物中最令游客刻骨铭心的是世界上最毒的植物之一见血封喉，此外还有形态各异的面包树、腊肠树、吊瓜树、水生植物王莲等。

【科研资源】

热带作物品种资源研究所现有11个研究室、2个部级检测中心、1个国家农业科技园区、3个省部级重点实验室、6个国家和省部级工程技术研究中心、5个院级平台；办公和实验室面积1.5万多平方米，先进的仪器设备1000多台（套），总价值4000多万元；科研试验基地2500余亩，设施大棚2万多平方米；总面积600平方米和总容量10万余份的热带作物种子低温保存中期库和离体保存库，5个农业部种质资源圃、10余个专业热带作物种质圃和占地近100公顷的海南热带植物园等热带作物活体保存圃。建所以来，从世界各地收集、保存的热带作物品种资源25000多份，拥有热带畜禽种猪、种羊等500多头；获省部级以上科技奖励131项，其中国家科技进步二等奖2项；通过审（认）定品种70个，获植物新品种权7项；授权专利216件；制（修）订行业标准31项；出版专著134部，获软件著作权18项；新品种、新技术在热区示范推广1000多万亩。

【场地资源】

热带作物品种资源研究所研学基地全年开放（台风天除外），开放时间为每天的7:30—17:30，可提供研学实践场所6000平方米，配套建有科普广场、科普体验馆、历史文化馆、科技产品展销厅、综合实验楼、科普休息凉亭、科普宣传栏、科普展示牌、游客中心、医务室、旅游厕所、停车场等设施。基地日接待最大承载量为5000人。

品资所设立了海南热带植物园研学实践教育基地，相关管理部门制定并完善了管理制度，对基地内的植物资源、建筑文物、安全防范等实行了有效的保护，并在各个细节上分别制定了严格的管理规定，责任到人，能够切实有效地为研学实践教育提供有力保障。

二、研学目标

1. 了解植物、观察植物、亲近大自然，提高小学生对科学课程的学习兴趣。

2. 通过对植物的观察，说出热带地区常见的植物种类，并了解各种常见植物的习性，尝试科学探究的乐趣。

3. 知道“香料”植物的品尝方法，掌握科学的盆栽技术。

4. 体验水质检测及水质净化的基本操作步骤，学会野外寻找饮用水的方法，中学生能解释水质检测TDS数值大小的正确含义。

5. 通过田间劳作及动物喂养，了解基本的作物种植方式及动物喂养方式，学会协作互助，珍惜劳动成果。

6. 理解绿色植物对地球环境保护的重要意义。

7. 认识水质保护与环境保护之间的关系，尝试做力所能及的环境保护工作。

三、研学课程

【课程一】探究性课程（适合各学段学生）

［课程内容］

1. 有毒植物的辨别：以小组合作学习的方式，在研学导师的引导下，在园区内辨别各种有毒植物，如见血封喉、海杧果（别名断肠果）、印度马钱等有毒植物，将辨别的方法记录下来并在组内分享。

2. “救生”植物的辨别及使用：以小组合作学习的方式，在研学导师的引导下，在园区内认识及辨别具有“救生”功效的植物，如旅人蕉、吐鲁香及槟榔果、益智仁、砂仁、巴戟天等南药，了解这些具有“救生”功能植物在野外的“救生”使用方法。将辨别的方法及使用方法记录下来，并在小组内分享。

3. 经济作物的辨别及认知：以小组合作学习的方式，在研学导师的引导下，识别世界各地远道而来的“名木”，如红木、桃花心木、柚木、檀香木、紫檀木，识别海南土生土长的国家保护濒危植物青梅、坡垒，及比重比水还大、坚硬无比的铁力木等。记录辨认的方法及技巧并在组内分享。

4. “香料”植物的品尝：以小组合作学习的方式，在研学导师的引导下，依次品尝植物园内著名的香料植物“花中之王”依兰香、食品香料之王“香兰草”，“三大膏香”之一的吐鲁香及丁香、肉桂、香茅草。研学导师会根据不同年级的学生让其闻香进行辨别并记录然后在组内分享。

5. 植物标本制作：以小组合作学习的方式，在研学导师的引导下，挑选学生们喜爱的植物种类进行标本制作，让学生分享自己制作的书签或标本的模型。

6. 室内植物盆栽课程：以小组合作学习的方式引导学生对一些可以盆栽的植物进行现场的栽种教学，针对学生的兴趣点开展不同的植物种类的定位与选择，让学生能够对自身感兴趣的植物进行栽种，每一位学生选定好自己喜欢的植物种类后，研学导师开始栽种课程，让学生掌握和了解一定的栽种知识，并了解如何培养一株植物，照顾好栽培的植物的技巧有哪些，认识到植物光合作用与绿色植物在我们生活中的重要价值。

7. 水质测定：以小组合作学习的方式，在研学导师的引导下，(1) 学会用试剂纸检测水质的酸碱度，并做好记录；(2) 学会将石砾、中沙、细沙放入矿泉水瓶，对水进行简单净化，观察净化前后水的色度；(3) 让学生学会如何读取水质检测仪的数据，并结合这些数据了解到自身生活环境中的水质情况。水质的基本情况了解后，学生还要能够利用检测结果区分酸性与碱性水质。

[知识和能力的检测]

1. 什么是有毒植物？有毒植物有什么特性？
2. 在野外如何辨别有毒植物？
3. 说出你已认识的“救生”植物？
4. 你认识哪些热带经济作物？
5. 自己动手制作一个植物标本，并说说你的制作心得。
6. 谈一谈你对水的认识。

该课程每一项需要1学时。

【课程二】劳动体验课程

1. 田间劳作体验：在研学导师的引导下，认识各种农具，亲身体验除草、翻地、平整、挖沟、种植、施肥过程，分享自己对劳动的认知。

开展形式：小组合作，实践体验。

2. “喂养”农活体验：在研学导师的引导下，了解各种家养动物的喂养方式，亲身体验喂养食物的搅拌、喂养食物的选料、喂养的方式，观察并描述喂养时家养动物的基本反应。

[知识和能力的检测]

1. 农田耕作的过程有哪些？受什么因素影响？
2. 谈一谈参加田间劳动及喂养动物时的感受及收获。

该课程每1项需要1学时。

四、研学成果展示

基地研学活动结束后，研学导师或老师要根据学生提交的“知识和能力的检测”，对学生的研学成果进行点评，并让学生填写研学活动记录表。要求课时1学时。

[作者单位：华金平，儋州三中；陈伟、王贻钊，中国热带农业科学院热带作物品种资源研究所（儋州）]

坡心互联网农业小镇研学方案

一、基地资源概况

坡心互联网农业小镇地处北纬19.3°，位于海南省屯昌县坡心镇，距屯城镇7千米，距海口市87千米。坡心互联网农业小镇创建于2016年，总投资近400万元，占地面积约3000平方米，由1个镇级点和7个村级点构成，2017年被列入第一批全国中小学生研学实践教育基地，2018年被海南省教育厅和省文旅厅评为海南省第一批研学旅行实践教育基地。该基地以“互联网+农业”为切入点，着力打造“吃原生、住民宿、游乡村”一站式服务场所，以坡心互联网农业小镇运营中心为载体，将猪哈哈农场、梦幻香山等场所纳入研学线路，进行了不同风格的研学内容设计，让学生们对种植、养殖、加工、休闲农业、乡村旅游等资源有新的认知，全方位丰富学生们的研学履历，让学生领略“互联网+农业”新活力。

【产品资源及特色】

坡心互联网农业小镇展示展销的农产品及工艺品：屯昌黑猪腊肉腊肠、有机山鸡、山柚油、花生油、山兰酒、枫木鹿场系列产品、红林粽子、传统百花蜜、诺丽酵素、油画、水晶饰品等屯昌特色产品，提供试吃和品鉴。坡心互联网农业小镇侧重于为岛内外游客、移动办公创客提供一站式配套服务。

猪哈哈农场园区内现有的农业设施及产品：2个温室育亩大棚，17个瓜果蔬菜种植大棚，种植瓜果类有南瓜、香瓜、葫芦瓜、小西瓜、黄秋葵、西红柿、玉米、黄瓜等，叶菜类有空心菜、小白菜、上海青、菜心等。猪哈哈农场以生态循环农业为亮点，提供既传统又现代，既淳朴又精致的休闲农业体验。

梦幻香山园区自然资源优越，降水丰富，气温适宜，空气负氧离子含量高，自然灾害少，植物资源丰富。目前引进薰衣草、迷迭香等上百种芳香植物，此外还有10多种常见的热带水果，如荔枝、龙眼、椰子、莲雾、木瓜、芒果、柠檬等。园区喝富锌泉水长大的柠檬已经获得无公害农产品认证。梦幻香山园区是集农业种植、乡村旅游、香文化体验三产合一的产业园，以“香文化”为主题，打造看香山、闻香气、走香道、品香茶、吃香餐、洗香浴、睡香房、采香果、购香物、结香缘的芳香体验过程。

【场地资源】

坡心互联网农业小镇现拥有互联网民宿 7 间，每间房 2 张床位，共 14 张床位，配套开放式厨房、室内帐篷、互联网乡村影院。可供学生开展研学活动的场所有：能容纳 60 人的教室 2 间，容纳 20 人的教室 1 间，用于存放研学活动教具的仓库 1 间，能提供 5 辆大巴和 20 辆小轿车的停车空间。

猪哈哈农场有特色客房 7 套，共 9 张床位；另能提供 2 块容 100 人室外露营的场地；湖畔餐厅可同时容纳 180 人用餐；自助露天烧烤营地 4 个，共可容纳 100 人；自助柴火灶台 5 个，共可容纳 50 人使用。可供学生开展研学活动的场所包括：循环农业展示区，包括太空棚、科普棚、习耕棚、育苗棚、采摘棚等共 19 个农业观光大棚，另配备若干户外采摘区等，提供休闲农业体验，可同时容纳 200 人参与体验活动；手工坊（同时容纳 40 人参与）；户外拓展场（同时容纳 620 人活动）；水上皮划艇 4 艘，一艇可容 2 人；小黄鸭脚踏船 4 艘，一船可容 2 人；停车场目前车位 64 个，能同时容纳 15 辆大巴。

梦幻香山配备住宿场所，共有 66 张民宿床位及 200 个露营帐篷床位；餐厅可同时容纳 200 人就餐；拥有多个开展研学活动的场所，如可容纳 150 人的教室、分别可容纳 100 人的拓展活动室、体育拓展园、芳香植物科普馆、农事体验园、产品深加工体验区等。配置仓储、教学用具等相关设施设备；基地配置监控系统，全天候实时监控；配置医务室、医务人员及相关急救药品；配置研学导师，能开设基地推出的所有课程。

二、研学目标

1. 了解互联网农业小镇和共享农庄的建设及发展情况，能说出什么是“互联网 + 农业”及其突出优势，建立对农业发展的新认识。

2. 能说出循环农业的作用和意义，树立正确的环境观。

3. 观察、体验磨豆技艺、陶艺、手工皂制作和精油提取技艺，提高观察、合作、动手能力。

4. 能根据外形和香味识别几种芳香植物，说出其主要的用途和功效。

5. 能分析梦幻香山种植柠檬的区位优势，提高综合思维能力。

6. 通过参加活泼多样的团队拓展活动，树立团队合作意识，提高环境适应能力。

三、研学课程

【课程一】走进“互联网+农业”（适合各学段学生）

［课程内容］

1. 在坡心互联网小镇大课室听“互联网+农业”知识讲座，结合视频了解海南互联网农业小镇和共享农庄建设及运营情况。

2. 在大课室观看屯昌代表性农业企业的生产纪录片。

3. 以30—50人为一组，参观坡心互联网农业小镇农产品展示。

［知识和能力的检测］

1. 下列能实现农业与互联网融合的手段有哪些？（多选题）（　　）

A. 政府培育　　B. 企业投入　　C. 培训推广　　D. 创新创业

2.“互联网+农业”与传统农业相比有哪些优势？

3. 互联网农业小镇和共享农庄对“三农”的发展有哪些带动作用？

该课程需要4学时。

【课程二】了解循环生态农业，感受农耕文化（适合各学段学生）

［课程内容］

1. 在猪哈哈农场参观沼气池、黑猪养殖场和瓜果种植区，了解循环农业。

2. 分组进行播种、施肥、锄草等田间活动，体验农业种植乐趣，感受农耕文化。

3. 分组体验绿色农产品采摘，评出采摘果子品质最好的一组并奖励。

［知识和能力的检测］

简述猪哈哈农场循环农业涉及的环节及其优势。

该课程需要2学时。

【课程三】磨豆、陶艺技艺学习（适合各学段学生）

［课程内容］

1. 在猪哈哈农场分别观看研学导师磨豆和陶艺创作，并听其讲解操作方法和技巧。

2. 以小组为单位，合作完成磨豆和陶艺品。

3. 各小组展示分享各自的作品。

[知识和能力的检测]

1. 请简要描述制作豆腐的流程。

2. 拉坯过程中一定要（　　）。

A. 用大力　　B. 快速　　C. 稳　　D. 慢速

3. 手拉坯所用的泥料最好是（　　）。

A. 水分多，柔软度高　　B. 水分少，变坚硬

C. 水分适中，泥料软硬适中　　D. 不确定

该课程需要2学时。

【课程四】闻香味，辨香草（适合各学段学生）

[课程内容]

1. 在梦幻香山香立方科普馆听研学导师讲解香草的知识。

2. 各小组跟随研学导师一起感受香草散发出的独特香味。

3. 以小组为单位，每组推选出一名代表参加辨香比赛，辨认正确率最高者获胜，获胜的小组将获得奖品。

[知识和能力的检测]

1. 芳香植物的主要作用和功效有哪些？

2. 世界有关香草的最早记载约（　　）前。

A. 10000年　　B. 3000—5000年

C. 1000年　　D. 500年

该课程需要2学时。

【课程五】精油手工皂DIY（适合各学段学生）

[课程内容]

1. 在梦幻香山听研学导师讲解香皂相关知识。

2. 现场观看手工皂制作过程演示。

3. 以小组为单位，合作完成精油香皂制作。

4. 各小组展示分享各自的作品。

[知识和能力的检测]

1. 请说出香皂的主要类型。

2. 请说出精油香皂跟市面上其他香皂的区别。

该课程需要2学时。

【课程六】我是快乐的小果农（适合各学段学生）

［课程内容］

1. 听研学导师讲解梦幻香山生态富锌柠檬的种植、生长、采摘等知识。

2. 参观柠檬的水肥一体化生产设施。

3. 5—8 月采摘季节，分组体验采摘的乐趣，采摘结束后评比采摘冠军并给予奖励；非采摘季节，分组进行亲近泥土的农事体验，如进行培土封垄或锄草活动（每组宜 20 人）。

4. 在芳香世界或加利坡城堡以 15 人左右为一组，体验挤压柠檬汁，制作柠檬茶及凉拌柠檬的过程并品尝。

［知识和能力的检测］

1. 请分析梦幻香山种植柠檬的优势条件。

2. 水肥一体化的优点有哪些？

该课程需要 2 学时。

【课程七】植物拓印（适合各学段学生）

［课程内容］

1. 听研学导师讲解植物拓印的基本知识。

2. 分小组走进梦幻香山，搜集一些叶脉清晰的植物叶子。

3. 在研学导师的指导下完成植物拓印的作品。

4. 分组展示并进行评比。

［知识和能力的检测］

1. 下面关于植物拓印方法的描述，正确的是（　　）。

A. 先在树叶上盖白纸，再把树叶的背面涂色，然后用手掌按压

B. 先把树叶的背面涂色，再在树叶上盖白纸，然后用手掌按压

C. 先用手掌按压，再把树叶的背面涂色，然后在树叶上盖白纸

2. 请描述你眼中大自然的样子。

该课程需要 2 学时。

【课程八】协作能力拓展（适合各学段学生）

［课程内容］

1. 从珠行万里、信任背摔、沙场点兵、不倒森林、同心鼓、皮划艇竞赛等活动中选择两种。

2. 听研学导师讲解所选择游戏的规则及注意事项。

3. 分组进行比赛。

4. 评选出合作完成效果最佳的小组并进行奖励。

[知识和能力的检测]

结合拓展训练体验，说说团队协作的重要性。

该课程需要2学时。

四、研学成果展示

基地研学活动结束后，研学导师或老师要根据学生提交的“知识和能力的检测”，对学生的研学成果进行点评，并让学生填写研学活动记录表。要求课时1学时。

（作者单位：刘芳，屯昌中学；欧荣东，坡心互联网农业小镇）

☆省级研学基地

海口观澜湖旅游度假区研学方案

一、基地资源概况

海口观澜湖旅游度假区，位于海南省海口市南部羊山地区。这里的土地，大部分是火山石砺地，表层土壤平均只有 5 厘米，无法进行传统农业生产。2007 年开始，海南骏豪旅游发展有限公司注入巨资进行开发建设，目前已建成集运动、赛事、保健、养生、文化、娱乐、商务、会展、培训、居住为一体的大型休闲产业群，包括 10 个高尔夫球场，全球最大规模的温泉，丽思卡尔顿、硬石等 4 家酒店，旅游小镇，海口观澜湖新城，中国足球（南方）训练基地，海口观澜湖巴塞罗那足球精英学院，NBA 篮球训练中心，还有与华谊兄弟、冯小刚导演合作的观澜湖华谊冯小刚电影公社项目，成为海口旅游休闲的新地标。2013 年 6 月，在德国柏林举行的全球人居环境论坛，海口观澜湖获得组委会颁发的“全球低碳生态景区”奖。2015 年 7 月，海口观澜湖旅游度假区举行国家 4A 级旅游景区挂牌仪式，正式成为海口第 4 家国家 4A 级景区。2018 年被列为“海南第一批研学旅行实践教育基地”。

【自然资源】

海口观澜湖度假区内有一条自然生态径，学生在其中游览能观赏种类繁多的热带动植物、中草药，还可以通过望远镜观鸟、欣赏色彩缤纷的蝴蝶。沿途有许多以生态为主题的趣味信息牌，能让学生增长见识。度假区所在羊山地区，随处可见 1 万年前火山喷发时岩浆流过后凝固而成的玄武岩。

【人文资源】

海口观澜湖旅游度假区拥有全球最大规模、包含 168 个温泉泡池和流水景观、汇集五大洲风格的火山岩温泉区，并入选国家运动休闲特色小镇试点项目，以“足球、篮球、高尔夫”三大体育运动为核心，二三十个运动项目聚集，曾多次举办世界顶级的文娱、体育活动，如观澜湖世界高尔夫明星赛、观澜湖高尔夫世界杯、泰格·伍兹与麦克罗伊世界第一挑战赛、世界女子高尔夫锦标赛等均在此精彩上演过，赛事期间全球各地的顶尖球手、文体明星纷至沓来。

海口观澜湖旅游度假区也是电影旅游的新天地，观澜湖集团携手华谊兄弟公司、著名导演冯小刚，打造中国独具特色的电影主题旅游商业项目——海口观澜湖华谊冯小刚电影公社，电影公社内建有1942民国街、南洋风情街、老北京街、教堂广场区、冯氏贺岁电影园林景观区、影人星光大道、大型摄影棚拍摄区七个主题区，其中包含全球最大的8000平方米大型摄影棚，形成中国星光绽放的影人聚集地。

【场地资源】

海口狂野水世界是国内首个“户外+室内”于一体的水上乐园，其中占地面积8000平方米的室内水上乐园可以突破季节、天气限制，提供与室外同质的娱乐体验。狂野水世界的娱乐项目既满足家庭娱乐，又带有极限刺激，为游客带来不同风格的水上游乐体验。

泰迪熊博物馆由六个部分组成：“一带一路”主题馆，泰迪熊历史博物馆，艺术画廊，海底世界，儿童乐园以及纪念品商店。

儿童艺廊位于海口观澜湖旅游度假区的副楼，面积超过350平方米，主要分为环保生态园、观影区、餐点区、活动游戏区、创意区和学习区。

中国足球（南方）训练基地是承担中国国家足球队训练、比赛、培训、交流活动的南方基地，也是国内外职业足球俱乐部的训练基地，以及业余和群众足球活动的开展基地。

海口巴萨世界足球博物馆总面积超过5000平方米。借助最前沿的高科技视听设备，可以引领参观者亲身感受巴塞罗那诺坎普主场比赛日的狂热氛围，并体验与梅西等世界级球星互动切磋球技。

NBA互动体验馆使用互动式展览、视频和图像等多层次的体验来展示联盟、球队和球员的激情，在互动体验馆中，球迷和参观者将有机会通过定制的活动来与NBA进行互动，包括虚拟现实体验、实景游戏、互动纪念品展示并有获得特色照片的机会。球迷和参观者还可以在零售店里购买各式各样的零售商品、球迷服装和篮球装备。

二、研学目标

1. 了解火山地貌区独特的植物景观及人文景观。
2. 了解低碳环保的行为及技术，树立低碳环保理念。

3. 增加学生文化艺术鉴赏能力和动手能力。

4. 了解高尔夫球、篮球、足球的基本知识，养成热爱体育运动的习惯。

5. 学会合作学会分享。

三、研学课程

【课程一】古迹生态径探秘（适合初中及高中学段学生）

［课程内容］

1. 在研学导师的带领下进入古村落遗址，观察并记录古村落遗址小路、墙壁、庭院、戏台、庙堂甚至磨具、石盆、石碗的石材特点。

2. 将生态径沿途两侧趣味信息牌上的植被记录下来。

3. 畅谈自己观察和记录到与自己居住地不一样的人文景观及有趣的植物。

［知识和能力的检测］

1. 古村落民房的墙体及围墙基本上都是用玄武岩砌成的，想一想这样做有何好处？房子的屋顶为何修成坡面状？

2. 想一想村庄里为何家家户户都有许多石缸？这些石缸现在的主要作用是什么？

3. 下列植物（　　）是你探秘过程见过的植物。

A. 波罗蜜　　　B. 露兜（野菠萝）

C. 椰子树　　　D. 榕树

该课程需要4 个课时。

【课程二】低碳环保知识（适合各学段学生）

［课程内容］

1. 在低碳环保生态馆听研学导师讲解低碳环保知识，观看低碳行为视频。

2. 在研学导师的引领下观察生态馆屋顶加装的太阳能电板，了解可再生资源的利用技术。

3. 分组畅谈自己能为低碳环保作出的贡献。

［知识和能力的检测］

1. 日常生活中有哪些举手之劳的环保行为？

2. 以下行为中属于低碳生活方式的是（　　）。

A. 电器不用时候保持待机

B. 购买棉质衣服

C. 乘坐公共交通工具出行

D. 选择自行车出行

3. 下列哪些资源是可再生资源（　　）？

A. 太阳能　　　B. 风能　　　C. 地热能　　　D 潮汐能

4. 北半球某地的地理纬度为北纬20°34′，为了使太阳能板安装时最大限度地利用太阳能，太阳板与屋顶面的夹角是多少度？

该课程需要2个课时。

【课程三】书法绘画等体验活动（适合各学段学生）

［课程内容］

1. 在研学导师的引导下参观泰迪熊博物馆。

2. 在儿童艺廊按兴趣爱好分组，分别在研学导师的指导下，或学习绘画、或学习书法、或学习剪纸、或学习插花、或学习陶艺、或学习烹饪等。

3. 各组展示分享学习成果。

［知识和能力的测试］

1. 下列有关陶瓷的说法，不正确的是（　　）。

A. 中国的四大发明不包括陶瓷

B. 兵马俑是我国最早的瓷器

C. 唐代最有名的陶器品种是唐三彩

D. 瓷器是人工制造的

2. 下列关于水墨画能长期保存不褪色的解释中，正确的是（　　）。

A. 碳具有还原性

B. 碳的颜色比其他物质黑

C. 碳不与任何物质反应

D. 碳在常温下性质很稳定

儿童艺廊课程需4个课时；泰迪熊博物馆课程需要2个课时。

【课程四】穿越电影公社，感受仿古建筑的魅力（适合初中、高中学段学生）

［课程内容］

1. 在研学导师的带领下游览电影公社内部的各种以民国时期文化为背景的仿古建筑群。

2. 观看戏楼戏曲演出，品味由音乐和唱腔两部分构成“曲”的独特艺术特点。

3. 分组踩点摄影，展示并分享自己摄影的构图思想。

［知识和能力的检测］

1. 中国有哪四大国粹？

2. 说出中国最有名的十大历史建筑。

该课程需要2课时。

【课程五】兴趣体育项目（适合初中及高中学段学生）

［课程内容］

1. 体验高尔夫运动：在高尔夫练习场，听研学导师讲解高尔夫礼仪与历史；分组在研学导师的指点下学习长杆、短杆、推杆等球杆的使用。

2. 体验篮球运动：在NBA互动体验馆，使用互动式展览、视频和图像等多层次的体验来展示联盟、球队和球员的激情；分组在研学导师的指点下学习投篮。

3. 体验足球：在巴萨世界足球博物馆，在研学导师的引导下，借助最前沿的高科技视听设备，亲身感受巴塞罗那诺坎普主场比赛日的狂热氛围，并体验与梅西等世界级球星互动切磋球技。

4. 在中国足球（南方）训练基地，开展足球训练或竞赛。

［知识和能力的检测］

1. 高尔夫运动起源于哪里？

2. 谈谈你了解到的高尔夫礼仪。

3. 足球的起源和文化。

4. 我们在观看NBA比赛直播的时候经常是在上午，而美国当地时间却不是上午。造成中美两国时间差异的原因是（　　）。

A. 地球的自转　　B. 地球的公转

C. 地转偏向力的存在　　D. 纬度的不同

高尔夫运动课程需要3课时；足球课程需要4个课时；篮球课程需要4课时。

四、研学成果展示

基地研学活动结束后，研学导师或老师要根据学生提交的“知识和能力的检测”，对学生的研学成果进行点评，让学生填写研学活动记录表。要求课时1学时。

（作者单位：潘良，海南华侨中学；叶华荣，海口市滨海九小；许良程，海口观澜湖度假区）

海南热带飞禽世界研学方案

一、基地资源概况

海南热带飞禽世界位于海南省定安县塔岭新区，占地面积466亩，是目前国内最大的鸟文化主题公园，有300余种3万余只各式热带飞禽，涵盖了海南鸟类的绝大多数，这里不仅是鸟的世界，还是花的海洋. 园区内有近千种奇花异木，是一处集观赏、科普教育、休闲度假和亲子研学于一体的国家2A级旅游景区。2018年8月，海南热带飞禽世界被评为海南省第一批省级中小学生研学旅行实践教育基地。

为推动中小学生研学旅行实践教育发展，景区升级建设鸟类知识科普馆、萌宠乐园、爱心长廊以及飞鸟主题户外游乐园等体验项目，让学生们近距离观察鸟儿的形态特征，了解鸟类的分类和生活习性，学习观鸟、护鸟小常识等。

【自然资源】

海南热带飞禽世界景区内绿植繁茂，各种珍稀热带植物、奇花异草荟萃，有椰子树、榕树、刺桐、吉贝、大花紫薇、凤凰木、海南苏铁、人心果树等多种植物。

【文化资源】

定安历史悠久，大量的人文和自然景观构筑了定安丰富的旅游资源。景区主要有17个景点，涵盖陆禽、游禽、涉禽、攀禽、猛禽和鸣禽等多类群鸟类，拥有多样的鸟文化，此外，景区内有海南保存较为完整的一座古塔——见龙塔、巨型凤龙浮雕——九凤壁。

【场地资源】

海南热带飞禽世界是以海南热带飞禽鸟文化为基础而建立的，可供学生开展研学活动的场所包括：集收藏、展示、宣传、教育、科研等多功能于一体的鸟类生态馆，能同时容纳100人，其中有能容纳40余名学生开展活动的多媒体教室1间、飞禽表演场1个、陆禽展示区2个、游禽展示区1个、涉禽展示区1个、攀禽展示区（均含有人鸟互动区及攀禽观赏区）2个、猛禽展示区1个、鸣禽展示区1个和萌宠展示区1个。此外，景区场地面积220亩，能够同时容纳300人左右，有能同时容纳30余辆大巴车的停车场。

二、研学目标

1. 了解各种鸟类栖息的环境与生活习性，掌握一些简单的观鸟知识。
2. 能识别与区分陆禽、游禽、涉禽、攀禽、猛禽和鸣禽等鸟类。
3. 了解保护鸟类的基本知识，掌握基本的鸟类救护技能。
4. 形成爱鸟、护鸟的意识，树立人与自然和谐相处的观念。

三、研学课程

【课程一】鸟类知识的学习（适合各学段学生）

［课程内容］

1. 在多媒体教室观看视频，了解鸟类的基本知识。
2. 在百鸟园，零距离观察鸟类的生活习性。

［知识和能力的检测］

1. 我国的鸟类主要分为几大类？
2. 按照鸟类的食性可分为几种类型？
3. 鸟类按迁徙习性的不同可以分为几种类型？

该课程需要2学时。

【课程二】观鸟识鸟（适合各学段学生）

［课程内容］

1. 分组在研学导师的引导下，到各个展示区观察各种鸟类的习性。

2. 以小组（每组人数宜10人）合作学习的方式，在各个展示区一边观察一边在鸟类教学图册上对观察到的鸟类进行识别和分类，记录鸟类的相关知识及识别技巧。

3. 各组派代表分享本组已识别鸟类的数量及识别的技巧。

［知识和能力的检测］

1. 鸟中的“巨人”指的是（　　）。

A. 天鹅　　B. 鸸鹋　　C. 鹈鹕

2. 家养的鹅跟天鹅比起来有什么不同？

该课程需要2学时。

【课程三】鸟与人类关系（适合各学段学生）

［课程内容］

1. 听研学导师讲解鸟与自然、鸟与人类的关系。
2. 了解鸟类救助的基本知识。

［知识和能力的检测］

1. 为了保护野生动物，买鸟放生的做法值得提倡吗？（　　）

A. 值得提倡　　B. 不应提倡

2. 保护鸟类最根本的办法是（　　）。

A. 实现人工驯养繁殖

B. 保护鸟类的自然栖息环境

3. 说一说鸟与人类的关系。

该课程需要2学时。

四、研学成果展示

基地研学活动结束后，研学导师或老师要根据学生提交的“知识和能力的检测”，对学生的研学成果进行点评，让学生填写研学活动记录表。要求课时1学时。

（作者单位：官锋俤，定安中学；罗希，海南热带飞禽世界）

海南文笔峰盘古文化旅游区研学方案

一、基地资源概况

海南文笔峰盘古文化旅游区是国家4A级旅游景区，位于海南省定安县中部龙湖镇，坐落于海南定安文笔峰山麓，该景区占地面积1200余亩，是集旅游观光、休闲娱乐、宗教朝圣、文化研究和道教养生为一体的国家级大型文化旅游区。2018年被评为海南第一批研学旅行实践教育基地。

【自然资源】

文笔峰从山腰至山顶主要由玄武岩和片理岩组成，山上植被茂盛，山顶常有云雾缭绕，山色秀美，拥有山岳景观及湖泊、森林、洞穴奇石等奇异风景。

【人文资源】

海南文笔峰盘古文化旅游区传承了中华道教古典文化的风姿神韵，秉承了“大道和谐、尊道贵德”的宗旨。景区内的各种建筑格局以南宋建筑风格为基调，以天人合一的山水意境融合盘古文化、道教文化和历史文化等优秀文化为理念，环文笔峰而建，已建成的有玉蟾阁、药王殿、财神殿、文昌阁、慈航殿、文笔书院、元辰殿、妈祖殿、黎母殿、转运殿、月老殿、七星殿、玉清殿、养生殿、居士林等，这些仿古建筑群，错落有致地分布在峰峦周围。其中玉蟾宫是道教南宗五祖白玉蟾的最终归隐之地，被道教奉为“南宗宗坛”。

【场地资源】

海南文笔峰盘古文化旅游区停车场面积8000平方米，有48个大巴车位，80个小轿车停车位；能解决500人同时用餐；能提供200人的研学露营场地。

二、研学目标

1. 通过游览加深对中国传统孝文化的认识，增强自己孝顺意识。
2. 了解道教文化的精华，认识白玉蟾对道教文化发展的意义。

3. 感受中国古建筑的博大精深，增强民族自信心。

三、研学课程

【课程一】感受孝文化（适合各学段学生）

［课程内容］

1. 在孝文化园听研学导师讲解孝文化的内涵及古代二十四孝的感人故事。
2. 分组交流自己对孝文化的理解。
3. 将自己孝敬父母、师长的事例说出来与组员分享。

［知识和能力的检测］

1. 说出孝文化的内涵。
2. 说出二十四孝中“百里负米”的故事。

该课程需要2学时。

【课程二】感悟道教文化（适合各学段学生）

［课程内容］

1. 在元辰殿听研学导师讲解道教文化的起源及其精髓。
2. 在玉蟾阁聆听道教真人白玉蟾故事，听白玉蟾的“道情”诗词。
3. 分组交流自己对道教文化的认识。

［知识和能力的检测］

1. 说出道教文化的起源及内涵。
2. 说出自己知道的五行、十二生肖。
3. 白玉蟾生活在哪个朝代？（　　）

A. 唐朝　　B. 南宋　　C. 东晋　　D. 明朝

该课程需要2学时。

【课程三】香文化的体验

［课程内容］

1. 听研学导师讲解中国香文化的起源及其发展。
2. 在沉香博物馆识别海南沉香。
3. 分组制作香囊。

［知识和能力的检测］

1. 中国的香文化发源于哪个时间（　　）？

A. 春秋战国时期　　B. 汉朝　　C. 唐朝　　D. 宋

2. 海南沉香树属什么科？如何辨别海南沉香木？

3. 说一说制作香囊的步骤，并分享各自的香囊。

该课程需要 2 学时。

四、研学成果展示

基地研学活动结束后，研学导师或老师要根据学生提交的“知识和能力的检测”，对学生的研学成果进行点评，让学生填写研学活动记录表。要求课时 1 学时。

（作者单位：唐少霞，海南师范大学；陈奕运，定安中学；施森，海南文笔峰盘古文化旅游区）

博鳌亚洲论坛永久会址研学方案

一、基地资源概况

博鳌亚洲论坛（Boao Forum for Asia）永久会址位于海南省琼海市万泉河与南海交汇处，坐落在风光旖旎的东屿岛上。东屿岛地属热带北缘，北纬19.3°、东经110.5°，东、南临南海。自2001年博鳌亚洲论坛成立以来，博鳌被定为论坛的永久会址所在地，凭借博鳌亚洲论坛永久会址景区整体品牌形象，完善的景区整体服务和环境质量，博鳌亚洲论坛永久会址景区赢得了公众的极高评价，并获得“海南省优秀专项旅游产品”“最具影响力的海南知名旅游景点”“海南省最受欢迎的旅游景点”“全国旅游系统先进集体”等多项殊荣，2018年被列为“海南省第一批研学旅行实践教育基地”。

【自然资源】

博鳌亚洲论坛国际会议中心地处博鳌镇东屿岛，风光旖旎，从空中俯瞰，整个东屿岛就像一只缓缓游向南海的巨鳌，鳌头独立，万泉河、九曲江、龙滚河三条河流于玉带滩交汇入海，风景十分独特。“三江入海口”被联合国教科文组织专家盛赞为“世界河流入海口中保存最完美的地方”。同时，位于博鳌万泉河出海口处的玉带滩，犹如一条长长的玉带把万泉河和南海分开，形成一条地形狭长的沙滩半岛。半岛最宽处300—500米，最窄处仅10余米。1999年6月，上海大世界吉尼斯总部以“分隔海、河最狭窄的沙滩半岛”而认定为“吉尼斯之最”。玉带滩外侧是烟波浩渺的南海，一望无际，内侧则是万泉河沙美内海的湖光山色，内外相映，构成了奇异的景观。

【人文资源】

博鳌亚洲论坛永久会址是诠释博鳌文化的所在地。每年在此举行的亚洲论坛年会，为政府、企业及专家学者提供了一个共商国际经济与社会发展诸方面问题的高层对话平台，学生来此开展研学活动能更好地了解跨文化交流的深刻意义。会议中心配有6+1同声传译系统和360°高分辨率摄像、放像系统，中部还配备活动隔离墙，可以根据会议的需要将会场隔离成两部分，其智能化的会场设施能让学生充分体会科技文明的高度发展。

位于博鳌亚洲论坛国际会议中心南门前的喷泉广场，是一处由一个涌泉托起的镂空金属地球仪和一个椭圆形的喷泉池组成的景观区，金属地球仪上亚洲所在的位置正好伸向进岛公路的主干道，寓意着亚洲论坛是一个开放、发展的论坛，而错落有致、层次分明的喷泉喷涌则充分体现科学与艺术的结合。

博鳌亚洲论坛国际会议中心高尔夫球场既是具有勒克斯风格的 18 洞 72 国际标准杆高尔夫球场，也是中国十佳高尔夫球场。球场巧妙地将球场中独特的自然地形、周围远景和小溪瀑布及园林景观融为一体。

【场地资源】

博鳌亚洲论坛国际会议中心总面积 3.7 万平方米，共分三层。博鳌亚洲论坛年会的主会场位于会议中心第二层，总面积 2592 平方米，可同时容纳 2300 人与会。博鳌亚洲论坛大酒店拥有 437 间豪华客房，博鳌亚洲论坛东屿岛大酒店拥有 325 间豪华客房，博鳌金海岸温泉大酒店拥有 336 间豪华客房，同时酒店内有中西食府，可同时容纳 1500 人就餐，并配有 3 个 80—2600 平方米大小不等的会议室，博鳌亚洲论坛期间可召开近 70 场分论坛。

此外，研学活动场所均设有监控系统，24 小时实时监控，并且均配备医务室、保安等，能充分保障学生的安全。

二、研学目标

1. 了解博鳌亚洲论坛成立的重要意义。
2. 通过现场参观，感受国际会议礼仪的要求和标准。
3. 能说明玉带滩形成的原理。
4. 能解释海水及沙滩温度差异的原因。

三、研学课程

【课程一】参观博鳌亚洲论坛永久会址（适合各学段学生）

［课程内容］

1. 听研学导师讲解博鳌亚洲论坛的历史及意义，并做好记录。

2. 参观博鳌亚洲论坛永久会址所在地的园林景观设计，参观博鳌亚洲论坛国际会议中心。

3. 分组畅谈自己参观后的感受，每组人数宜 20 人。

[知识和能力的检测]

1. 分析亚洲论坛总部选择在中国海南博鳌的原因。

2. 博鳌亚洲论坛的建设宗旨是什么？

该课程需要2课时，需提前三天预订。

【课程二】学习外交礼仪、商务礼仪、国宴礼仪（适合初中及高中学段学生）

[课程内容]

1. 听研学导师讲解外交礼仪、商务礼仪、国宴礼仪，并观看相关视频。

2. 在参观博鳌亚洲论坛国际会议中心、酒店公共场所的过程中感受礼仪文化。

3. 以小组为单位，品尝国宴。

[知识与能力的检测]

1. 悬挂主客双方国旗时，按照国际惯例，以旗本身的面向为准，正确的是（　　）。

A. 左侧挂客方国国旗，右侧挂本国国旗

B. 左侧挂本国国旗，右侧挂客方国国旗

C. 上方挂客方国国旗，下方挂本国国旗

D. 下方挂客方国国旗，上方挂本国国旗

2. 宴请的菜谱安排不应考虑的因素有（　　）。

A. 主宾的口味与喜好　　B. 饮食禁忌

C. 经费的预算　　D. 职位的高低与年龄

该课程需要2课时。

【课程三】探究性课程（适合高中学段学生）

[课程内容]

1. 玉带滩的形成：(1) 观察三江入海口及玉带滩的地貌景观；(2) 听研学导师讲解玉带滩的形成原因；(3) 分组就地取材，制作玉带滩形成模型。

2. 海水和沙滩的温度差异：(1) 分组用温度表分别监测并记录海水和沙滩的温度（要求同时监测，且监测时间一样）；(2) 说出海水和沙滩温度存在差异的原因。

3. 风向的判定：(1) 在海边，两人一组，一人将手中的手帕或纸巾高高举起，另一人认真观察，看手帕或纸巾飘扬的方向，判定风是从海上吹向陆地还是从陆地吹向海上；(2) 将观察结果记录下来。

4. 分组展示自己的模型或分享本组对问题思考的结果。

［知识与能力的检测］

1. 绘图说明海陆风形成的原因。

2. 玉带滩西侧的沙子，其质感非常细腻，脚踩上去很柔软；而东侧的沙子却较为粗糙，并夹杂一些贝壳碎片。这种现象是怎么形成的？

该课程需要 3 课时。

四、研学成果展示

基地研学活动结束后，研学导师或老师要根据学生提交的“知识与能力检测”，对学生的研学成果进行点评，并让学生填写研学活动记录表，要求课时 1 学时。

（作者单位：刘太方，嘉积中学；周颖，博鳌亚洲论坛）

红色娘子军纪念馆研学方案

一、基地资源概况

红色娘子军纪念馆位于海南省东线高速公路琼海官塘入口处的红色娘子军纪念园内，周士第将军纪念馆位于红色娘子军纪念馆的东侧，和红色娘子军纪念园连为一体。两个纪念馆的地理位置优越，交通便利，是海南红色文化的标样。

红色娘子军纪念馆共三层，2002 年中宣部拨款修建。该馆位于红色娘子军纪念园的中心位置，占地面积 770 平方米，建筑面积 1520 平方米。纪念馆前庭上矗立一尊巨型的红色娘子军战士雕像，雕像庄重威武，英姿飒爽。纪念馆正面呈八一五星造型，显示娘子军连属于人民军队建制，象征红色娘子军用革命武装捍卫红色苏维埃政权。纪念馆的一、二层为红色娘子军电影体验厅，设有序厅、火炮楼、幻影剧场，实景造型、立体展示、多媒体等场景展项，三楼为红色娘子军历史陈列厅，设有红色娘子军的诞生、红色娘子军的光辉历史、红色娘子军光耀千秋以及红色娘子军精神永存等展区。红色娘子军纪念馆 2018 年被列为海南第一批研学旅行实践教育基地，被海南省委宣传部和组织部确定为海南省爱国主义教育基地和党员干部教育培训基地。

【人文资源】

琼海有着光荣的革命传统，1931 年 5 月 1 日，中国工农红军第二独立师第三团女子军特务连即红色娘子军就在这里诞生。全连三个排，共 100 人，除挑夫和号兵外，均为女性。娘子军连先后参加了攻打文市、学道等战斗，机智灵活地配合红三团主力作战。1932 年，中共琼崖特委又组建了女子军特务连第二连。在琼崖第二次反“围剿”斗争中，娘子军连指战员一部分英勇牺牲，一部分失散和被捕。毛泽东、周恩来曾高度评价红色娘子军，赞扬红色娘子军为“世界革命的典范”。红色娘子军是中国妇女解放运动的一面旗帜，是海南人民特别是海南妇女的光荣与骄傲。《红色娘子军》电影更使这支革命妇女武装名扬四海，妇孺皆知。

【场地资源】

红色娘子军纪念馆所在的红色娘子军纪念园占地面积200亩，主要由和平广场、纪念广场、红色娘子军纪念馆、娘子军歌舞表演、椰林寨、旅游服务功能区等八大部分组成。和平广场位于纪念园的正中前沿，可容纳数千人；纪念广场位于纪念园的西北侧；椰林寨位于纪念园的西南侧；旅游服务区位于纪念园的西南侧，设有红色娘子军射击娱乐场，纪念园内设有可供几百人用餐的大型餐厅，纪念园西侧是大型停车场，停车位有200个左右。

备注：需提前联系。

二、研学目标

1. 了解红色娘子军设立的历史背景，感受其历史功绩，体会其在严酷的环境下顽强不屈、坚决斗争的革命精神。

2. 激发对琼崖广大妇女反抗压迫、追求自由的红色记忆，落实爱国主义教育，使学生坚定爱国爱党的意志。

3. 通过对纪念馆内史料的阅读、分析，学会客观、全面评价历史人物、历史事件，提高探究、归纳总结的能力。

三、研学课程

【课程一】向红色娘子军雕像致敬（适合各学段学生）

［课程内容］

1. 在研学导师的引导下，列队向英雄致敬。
2. 齐声高唱《红色娘子军连歌》。
3. 在英雄雕像前合影留念。

【课程二】探寻娘子军革命之旅（适合各学段学生）

［课程内容］

1. 以小组为单位在红色娘子军历史陈列厅及模拟场景馆内寻找“红色娘子军的诞生”“红色娘子军的光辉历史”“红色娘子军光耀千秋”“红色娘子军精神永存”的史料及证物。

2. 分组交流自己找到的史料及证物，并说一说自己对红色娘子军的敬佩之情。

3. 观看红色娘子军影视及歌舞表演。

[知识和能力的检测]

1. 土地革命战争时期由冯白驹领导的琼崖苏区红三团下属的红色娘子军成立于1931年5月1日，第一任连长是（　　）。

A. 庞琼花　　B. 冯增敏　　C. 王时香　　D. 王运梅

2. “中国工农红军第二独立师女子特务连”100多位穷苦的农村女孩子参加革命的原因是什么？

3. 红色娘子军在中共琼崖特委领导下，出色完成了哪些任务？

该课程需要3学时。

四、研学成果展示

基地研学活动结束后，研学导师或老师要根据学生提交的“知识与能力检测”，对学生的研学成果进行点评，并让学生填写研学活动记录表。要求课时1学时。

（作者单位：饶建雄，琼海海桂学校；陈东涛，红色娘子军纪念园）

三亚亚龙湾海底世界研学方案

一、基地资源概况

三亚亚龙湾海底世界位于北纬18°，海南省三亚亚龙湾国家旅游度假区（三亚市东南面25千米处）景区创建于1997年，规划面积9平方千米。景区周围有连绵起伏的青山、千姿百态的岩石、原始幽静的红树林、波平浪静的海湾、清澈透明的海水、洁白细腻的沙滩以及五彩缤纷的海底景观，是最适合游泳、潜水及进行各种水上项目的海湾，已被评为国家3A级旅游景区。2018年被评为海南省第一批研学旅行实践教育基地，是海口寰岛实验小学的实践教学基地。

【自然资源】

亚龙湾海底世界景区气候温和、风景如画，空气清新湿润，沙滩干净细腻，海水湛蓝澄澈，海浪不大、浅海区宽、海水能见度达25米，拥有世界上最大、最完整的软珊瑚族群，这里的热带鱼多达100多种，被誉为“天下第一湾”。

【人文资源】

海南亚龙湾海底世界旅游有限公司景区在三亚国家级珊瑚礁自然保护区投资建设了珊瑚礁资源保护、发展和综合管理示范区，示范区以保护珊瑚礁为主、适度发展海洋旅游观光。亚龙湾海底世界景区主要经营寰岛蛟龙水下观光器、寰岛云帆客电动环保游船、海底世界半潜艇观光、远海潜水、玻璃船海底观光、飞鲨漂移艇、拖曳伞等10多个海上旅游娱乐运动项目。目前已开发并运行的研学项目有：珊瑚礁生态保护专题教育课程、半潜艇探秘海底世界、寰岛蛟龙科技观光之旅、海上帆船运动、海上安全知识教育等。

【场地资源】

基地能提供食宿及接待以海洋生态、海洋科技为主题的研学旅行课程所需的相关设施设备。亚龙湾海底世界酒店中67间精致客房，其中双标房37

间，大床房30间；餐厅可同时容纳100人就餐；多功能课室可容纳100—200人。寰岛蛟龙科技母船是全球第一艘全通透水下观光器，配备了最丰富的救生手段，由中国“蛟龙号”原班人员设计建造。半潜艇可同时接纳60人观看海底的真实世界，“蛟龙”科技母船可同时容纳50人学习，景区可同时容纳300人轮转参观学习。

二、研学目标

1. 了解珊瑚虫及热带海洋鱼虾贝类的特点及习性，知道珊瑚礁的形成过程。
2. 能说出保护海洋生态环境的意义。
3. 了解我国潜航科技的前沿知识，激发科学的求知欲。
4. 提高安全乘船和防溺水的意识，提高自救及互救能力。
5. 提高交流协作能力，增强克服困难的自信心。

三、研学课程

【课程一】珊瑚礁生态保护专题教育（适合各学段学生）

［课程内容］

1. 听研学导师讲解珊瑚虫的习性，珊瑚礁的形成。
2. 听研学导师讲解热带海洋鱼虾贝类特点及习性。
3. 观看海底生物世界视频。
4. 分组交流学习收获。

［知识和能力的检测］

1. 海洋生态环境遭受破坏的人为原因有（　　）。

A. 过渔及误捕　　B. 栖地破坏　　C. 污染　　D. 外来种

E. 全球变迁

2. 保护海洋生态环境有何意义？

该课程需要1学时。

【课程二】半潜艇探秘海底世界（适合各学段学生）

［课程内容］

1. 听研学导师介绍乘坐半潜艇的注意事项。
2. 近距离观看珊瑚礁及海洋生物景观。
3. 对照海洋生物图片，说出自己已看到的生物。

4. 交流分享自己的收获。

[知识和能力的检测]

1. 珊瑚礁是怎么形成的?

2. 我国海洋生物有何特点?

该课程需要1学时。

【课程三】寰岛蛟龙科技观光之旅（适合各学段学生）

[课程内容]

1. 登上寰岛蛟龙母船，体验寰岛蛟龙科技观光之旅。

2. 听研学导师讲解海洋观光科技的发展历程。

3. 通过视频了解“深海勇士号”海底拍摄珍贵资料及寰岛“蛟龙号”的船舱结构。

[知识和能力的检测]

1. 深海生物究竟是如何承受海水巨大压力的?

2. “蛟龙号”的深海载人探测器，在太平洋海域马里亚纳海沟创下了多少米的深度纪录?

3. 深海探测有何意义?

该课程需要1学时。

【课程四】海上帆船运动（适合各学段学生）

[课程内容]

1. 听研学导师介绍出海的注意事项及帆船的结构。

2. 听研学导师讲解指南针的使用，分组用指南针辨别方向。

3. 观看研学导师的绳结演示，分组练习绳结打法。

4. 观看研学导师演示逆风行驶和顺风行驶的技巧。

5. 分组交流学习收获。

[知识和能力的检测]

1. 如何使用指南针?

2. 帆船是借助下列哪种力前进的船（　　）?

A. 风力　　B. 电力　　C. 潮汐力

该课程需要1学时。

【课程五】海上安全知识教育（适合各学段学生）

[课程内容]

1. 听研学导师讲解水中发生意外的原因、水上安全要点。

2. 听研学导师介绍在水中发生意外时的自救方法。
3. 观看研学导师演示水中自救及胸外心脏按压技巧。
4. 分组合作练习胸外心脏按压。

[知识和能力的检测]

1. 如果不幸发生溺水，应如何自救？
2. 参加游泳活动时应注意哪些问题？

该课程需要 1 学时。

四、研学成果展示

基地研学活动结束后，研学导师或老师要根据学生提交的“知识和能力的检测”，对学生的研学成果进行点评，并让学生填写研学活动记录表。要求课时 1 学时。

（作者单位：唐少霞，海南师范大学；袁君，三亚一中；郭忞汐，三亚亚龙湾海底世界）

三亚航空旅游职业学院研学方案

一、基地资源概况

三亚航空旅游职业学院是由全国第四大航空公司海航集团全资兴办的高职院校，位于三亚市凤凰路218号。学校拥有在校生约7000人，开设“两航一游”即民航、航海、旅游三大专业群共计27个专业。学校拥有中国民航局航空安全员培训训练资质、中国民航局航空危险品运输培训资质、国家海事局颁发的船员培训资质，被设立为空中乘务专业国家级骨干教师培训点、博鳌亚洲论坛安检人员培训基地、海南省高技能人才培训基地、海南省研学旅行实践教育基地、民航运输省级特色实训示范中心、民航第021职业技能鉴定站。学校依托专业教学资源，分别建设了航空科技馆和航海科技馆。航空科技馆于2014年申报并获批为三亚市航空科技馆，航海科技馆于2015年申报并获批为海南省航海科技馆。此外，学校还于2018年8月获批成为海南省首批中小学生研学旅行实践教育基地，于2019年1月获批成为三亚首批全域旅游研学旅行实践教育基地。

【办学资源】

三亚航空旅游职业学院基础建设投资大，硬件条件良好，学院总占地644.2亩，总建筑面积逾22万平方米，总资产26亿元（其中校舍总资产超过10亿元，教学设备总资产约15亿元）；实训设备配置先进，在国内同类院校中处于一流水平，拥有国家示范专业2个、国家现代学徒制试点专业2个、省级特色专业3个、省级骨干专业2个、国家在线精品课程1门、省级精品及在线开放课程8门、省级教学团队2个，省级优秀中青年骨干教师和省级优秀教师4名，获省部级教学成果一等奖2项、二等奖2项，拥有“双师”素质教师100余人，教师专业知识扎实，教学经验丰富。2010年12月，学院以较高评价顺利通过了教育部人才培养评估。所推出的研学旅行课程均由本校相关专业优秀教师担任研学导师。

【场地资源】

三亚航空旅游职业学院可供学生开展研学活动的场所有：分别能容纳60人的多媒体教室5间；分别能容纳40人的航海科技馆1间、船舶轮机模拟器体验馆1间、飞机模拟训练舱1间；分别能容纳20人的360°航海模拟驾驶体验馆1间、航空模拟驾驶体验馆2间；能容纳60人的高级消防船1条；分别能容纳30人的水手工艺实训室1间、水上训练中心1个、航空科技馆1间、形体训练室1间、急救室1间、基本安全实训室1间、停机坪1个、飞机发动机展区1个、实训飞机7架。此外基地的餐厅可同时容纳1500人就餐，暂时未能提供住宿。基地内均配有24小时保安值守；有专门的保洁人员定期打扫，干净整洁；研学活动期间均安排校医室医务人员全程保障，随时处理突发状况；基地内设有学雷锋志愿服务站，从学生中择优挑选志愿者提供服务；各类设施设备均由专人定期维护，确保排除潜在的安全隐患；研学基地设有对应的管理机构，制定健全的安全管理制度，此外还制订了详尽的安全预案并定期进行演练。

二、研学目标

1. 了解海洋生态环境和海洋生物资源相关知识，正确认识海洋与人类的关系，增强海洋意识。

2. 了解中国海军、航空、航海技术发展历程，增强维护国家海洋权益意识。

3. 了解飞机和船舶的基本构造，体验飞机和船舶的操控技能。

4. 通过观察、体验，掌握安全乘机、紧急避险、水上逃生等知识和技能。

5. 观察、体验空乘日常服务，掌握传统礼仪文化。

6. 通过学习知识和情境体验，激发对航空、航海事业的向往和热情，学会交流与合作。

三、研学内容

【课程一】**揭秘海洋（适合各学段学生）**

［课程内容］

1. 在多媒体教室听海洋生物知识讲座。

2. 在多媒体教室听海军建军历史知识讲座。

［知识和能力的检测］

1. 下列不属于人类对海洋生态环境的破坏的是（　　）。

A. 海洋废弃物污染　　B. 海洋石油污染

C. 过度捕捞海洋生物　　D. 海啸

2. 请说出我国建设强大人民海军的重要意义。

3. 为了保护海洋生态环境，在日常生活中我们能做哪些有益的事？

该课程需要 3 学时。

【课程二】探秘飞机（适合各学段学生）

［课程内容］

1. 在多媒体教室听航空发展史以及飞机结构、飞行原理等相关知识讲座。

2. 在停机坪观察实物飞机，观摩航模飞行表演。

3. 在航空科技馆听研学导师现场讲解飞机模型的概念、种类及操作原理和制作方法。

4. 分小组合作动手制作几种简单飞机模型，并进行纸飞机飞行比赛。

5. 以小组为单位，在航空科技馆的飞行驾驶模拟器，体验飞机操纵系统的操纵。

6. 分组交流分享学习心得。

［知识和能力的检测］

1. 1783 年 6 月 5 日，法国人____________制成了第一只热空气自由气球；1903 年，美国的____________经过不断努力，终于制成飞机。

2. 中国的第一位飞机设计师是：________________。

该课程需要 4 学时。

【课程三】魅力空乘（适合各学段学生）

［课程内容］

1. 在多媒体教室听研学导师讲解中国传统礼仪文化和空乘日常礼仪。

2. 在形体训练室观看研学导师示范空乘职业形象塑造的基本要求与技巧，并以小组为单位练习。

3. 在 767 模拟舱内，以小组为单位，通过角色扮演体验客舱服务全过程。

4. 分组交流分享学习空乘礼仪的心得。

［知识和能力的检测］

1. 请简单描述空乘礼仪规范的手势。

2. 递送和接取物品时，应注意的要点是什么？

该课程需要 3 学时。

【课程四】安全乘机（适合各学段学生）

［课程内容］

1. 在多媒体教室听安全乘机知识讲座。

2. 在 767 模拟训练舱听研学导师现场介绍客舱基础设备和应急设备，并以小组为单位练习其使用方法。

3. 以小组为单位，在 767 模拟训练舱进行客舱应急撤离演练。

4. 分组交流分享学习心得。

［知识和能力的检测］

1. 请说说乘坐飞机前在饮食上的注意事项。

2. 请演示飞机紧急着陆时你应采取的正确避险姿势。

3. 飞机上如果发生紧急事件，你应该怎么做？

该课程大概需要 3 学时。

【课程五】仿真航海体验（适合各学段学生）

［课程内容］

1. 在航海科技馆内参观挂图、船模，听研学导师讲解航海发展历程。

2. 以小组为单位，在 360° 仿真航海模拟器上进行仿真航海体验。

3. 以小组为单位，在水手工艺实训室练习打绳结，并展示分享各自的作品。

4. 分组交流分享学习心得。

［知识和能力的检测］

1. 明代永乐至宣德年间，伟大的中国航海家＿＿＿＿＿率领远洋船队，先后七次下西洋，遍访亚非各国。

2. 按航行的区域来划分船舶类型，主要有＿＿＿＿＿＿、＿＿＿＿＿＿、＿＿＿＿＿＿、＿＿＿＿＿＿等。

3. 假如你是航海家，并准备开辟一条由中国到达欧洲的航道，你会事先做哪些准备？

该课程需要 2 学时。

【课程六】水上逃生（适合各学段学生）

[课程内容]

1. 在实训楼基本安全实训室观察、体验救生设备的正确使用。

2. 在实训楼急救室观察并体验对患者进行心肺复苏。

3. 在水上训练中心听研学导师现场讲解水上求生行动相关知识，并观察、体验落水人员的求助。

4. 分组交流分享学习心得。

[知识和能力的检测]

1. 请说出水上救生设备的主要类型。

2. 请说出落水后正确的急救方法。

该课程大概需要 4 学时。

四、研学成果展示

基地研学活动结束后，研学导师或老师要根据学生提交的“知识和能力的检测”，对学生的研学成果进行点评，并让学生填写研学活动记录表。要求课时 1 学时。

（作者单位：刘睿哲、任灵，三亚航空旅游职业学院；谢慧灵、柴媛萍，三亚四中）

梅沙教育——三亚户外学校研学方案

一、基地资源概况

梅沙教育——三亚户外学校以万科森林悦度假村为大本营，拥有森林基地、海洋基地、山林基地三类优质资源，包含度假住宅、客房、商业小镇、电影院、梅沙幼儿园、水上乐园、山地公园、湿地公园等多种配套体系，学校以帆船、潜水、冲浪、野外生存为品牌产品，并积极开发自然科学、本土文化类教育产品，成为素质教育产品的提供方和属地资源运营方。2018 年被评为海南省第一批省级中小学生研学旅行实践教育基地。

【人文资源】

研学导师团队具备丰富的户外活动和教育经验，有极强的爱心和责任心，长期接受体验式教育和项目式学习培训，获得国际野外医学协会高级急救（WAFA）证书以及营地教育相关培训证书。当前已服务超过 2 万名青少年冬、夏令营营员，研学导师从开营至结营全程陪伴，工作人员与营员配比为 1∶4。

【场地资源】

梅沙教育——三亚户外学校分为两大校区，包括森林悦校区和海棠湾校区。

森林悦校区营地专门为潜水项目打造了 3 米的深水潜水池，拥有热带湿地植物园、水上乐园、泳池、开心农场、室内外活动场等众多场地，可满足不同规模、不同主题的营地活动需求。营地可同时容纳 600 名学生活动，配有营员专属校舍，内有营房、教室、休闲吧、诊疗室和洗衣房，营房共 30 间，可同时满足 420 名营员入住，营地内还有自营酒店可提供住宿，营地餐厅可同时满足 280 人就餐。

海棠湾校区是海南梅沙全新打造的以海上运动项目为主的户外营地。该校区直面大海，坐拥中国最适合初级冲浪爱好者学习冲浪的大海和沙滩，拥有冲浪、浮潜、皮划艇等众多海上运动项目。与此同时，营地可同时容纳 300

名学生活动，可提供200张床位及同时供150人就餐的条件，是海上运动绝佳的学习和打卡之地。

二、研学目标

1. 学会溺水自救、急救方法。
2. 了解冲浪的基本知识，掌握冲浪的基本技巧，体验冲浪乐趣。
3. 能利用指南针、太阳、星星、手表等判断方向。
4. 掌握帐篷的搭建方法，提高野外生存能力。
5. 了解常见动物、植物的特点及习性，感悟大自然的神奇，树立尊重自然、保护自然的意识。
6. 学会交流、学会合作。

三、研学课程

【课程一】溺水自救、急救方法（适合初中及高中学段学生）

［课程内容］

1. 溺水自救：（1）研学导师讲解溺水自救的方法；（2）研学导师演示溺水自救的方法；（3）学生分组模拟及实际演练。

2. 溺水的急救：（1）研学导师讲解实施人工呼吸和胸外按压的方法、步骤；（2）研学导师演示对人体模型实施的人工呼吸和胸外按压；（3）学生分组模拟及实际演练。

3. 小组之间交流学习收获。

［知识和能力的检测］

1. 胸外按压与人工呼吸的比例是多少？胸外按压的频率是多少？
2. 将溺水者救助上岸以后的第一步应该怎么做？
3. 遇到有人溺水时，该不该施救？如何正确施救？

该课程需要1学时。

【课程二】挑战冲浪（适合各学段学生）

［课程内容］

1. 在冲浪课室听讲座：（1）听研学导师讲解冲浪板各构造名称及作用，了解冲浪基本知识；（2）听研学导师讲解国际冲浪的规则和礼仪。

2. 在训练场观看演示并实际操作练习：（1）观看研学导师的实际演示；（2）分组在研学导师的指导下开展练习。

3. 小组之间交流学习收获。

[知识和能力的检测]

1. 请说出冲浪板的主要结构。

2. 如果划水的人和已经起乘的人快相撞时，划水的人应该__________，除非情况危急，有受伤的可能性，否则不要______________，一般来说，__________人有优先下浪权。

该课程需要 2 学时。

【课程三】野外生存训练（适合各学段学生）

[课程内容]

1. 听研学导师讲解野外判断方向的方法及帐篷搭建方法。
2. 分组利用指南针进行方向判别练习。
3. 在研学导师的指导下，动手搭建帐篷。
4. 小组之间交流学习收获。

[知识和能力的检测]

1. 分别说出利用指南针、太阳、星星、手表等判断方向的方法。
2. 请说出露营地选择四大基本原则。

该课程需要 2 学时。

【课程四】探索自然（适合各学段学生）

[课程内容]

1. 动植物的习性：（1）热带湿地植物园，听研学导师现场讲解所见到的植物及昆虫的特点及习性；（2）在研学导师的指导下，分组制作昆虫或植物标本。

2. 琥珀的形成：（1）听研学导师讲解琥珀的基本知识；（2）在研学导师的指导下，利用工具制作人工琥珀。

[知识和能力的检测]

1. 榕树有哪些生长习性？
2. 琥珀是怎么形成的？

该课程需要 2 学时。

四、研学成果展示

基地研学活动结束后，研学导师或老师要根据学生提交的“知识和能力的检测”，对学生的研学成果进行点评，并让学生填写研学活动记录表。要求课时 1 学时。

（作者单位：王玉芳、李苗，三亚一中；付灿，梅沙教育——三亚户外学校）

海南尖峰岭国家森林公园研学方案

一、基地资源概况

尖峰岭国家森林公园成立于1992年，地处海南省西南部，跨东方、乐东两市县，距南山文化旅游区60千米，距国际滨海旅游城市三亚市90千米。交通十分便利，是开展热带森林休闲度假、探险猎奇、避暑避寒、科研科普、商务会议、教育培训、森林养生活动的绝佳去处。公园总面积447平方千米，森林覆盖率达98%，拥有全国整体面积最大、保存最完好、生物多样性指数最高的原始热带雨林，是全球40个具有世界意义的生态单元之一，享有“天涯第一园”“海南之肺，热带凉山”的美誉。公园内海拔千米以上山峰有18座，海拔最高的尖峰岭第一峰为1412.5米。2018年被列入“海南省中小学研学旅行实践教育基地”。

【自然资源】

海南尖峰岭国家森林公园地处热带雨林气候区，年平均气温24.5℃；最冷月平均气温19.4℃；最热月平均气温27.3℃，干湿两季明显。雨热充沛，适合各种植物生长，是一个动植物极为丰富的热带森林，空气中负氧离子浓度高达5000—120000个/立方厘米，冬可避寒、夏可避暑。从沿海至林区腹地的最高海拔（尖峰顶，1412.5米）垂直分布着八大类型热带雨林植被，孕育了3000多种植物，4300多种动物（含昆虫）。尖峰岭保护区植物以热带成分为主，分为热带半落叶季雨林、热带常绿季雨林、热带北缘沟谷雨林、热带山地雨林和山顶苔藓矮林5个植被类型。区内维管植物2221种，国家重点保护野生植物31种，其中Ⅰ级3种，Ⅱ级28种。热带雨林乔木树种其中以坡垒、子京、花梨、油丹等70种最为珍贵，坡垒、青梅树干挺拔笔直，材质坚韧，材色鲜艳，百年不朽；子京树坚硬如铁，钉子钉不进，有“绿色钢铁”之誉；粗榧树含有21种单体生物碱，其中4种具有抗癌作用，可用来制药。尖峰岭还有沉香木、肖桧、高山蒲葵、陆均松、母生等热带珍贵林木，这里还有一种形态奇特的树——高山榕，树龄可达百年以上，一棵树能生有几十条大小不一的树干，互相交叉重叠，左曲右折，构成一组野鹿的群雕图案：或腾跃，或散步，或蹲伏，或低头饮水，形态逼真，因此这种高山榕也被称为“海南鹿树”。尖峰岭保护区的陆生脊椎动物以东洋界成分为主，区内脊椎动物371种，昆虫2222种。国家重点保护野生动物42种，其中一级5种；二级37种。

尖峰岭的自然奇景除森林外，还有云雾、大海奇观。进入尖峰岭，就如同置身于雾海，云雾蒸腾，一片迷茫。深山里、高峰上、森林稠密处，雾气越加浓重。山风吹时，身边的云雾随风翻滚，会出现瀑布云，仿佛大海的波涛，气势磅礴。在尖峰岭的黑岭东边，有一个群山环抱的盆地，由于终日被云雾笼罩，云雾在其中翻卷飘荡，因此得一“天池”美称。

【文化资源】

尖峰岭保护区周边居民90%以上是黎族，其余是苗族和汉族。公园周边有8个少数民族乡镇，黎族风情十分浓郁。三月三、九九重阳登山节等节日，黎族织锦、大安剪纸、根艺根雕、藤编、竹编等富有特色的手工艺品，充分展示居住在雨林深处原生态的民族风情。

尖峰岭国家森林公园保存有海南非物质文化遗产中“船形屋”“黎族服饰”“钻木取火”“黎族打柴舞”等具有少数民族特色的项目。

【场地资源】

海南尖峰岭国家森林公园综合服务设施齐全，有设施设备完善的游览景区、会议中心、宾馆别墅、养生中心等，公园内适合开展研学旅行活动的场地有生物多样性的野外宣教走廊2500米（鸣凤谷2000米，雨林谷500米）；接待与实习培训场所500平方米，其中能容纳100人的大课室1间，能容纳64人的课室2间，能容纳200人的活动室1间；100人露营区域1个；用于存放研学活动教具的仓库1间。公园内餐厅可同时容纳200人就餐。涉及攀岩、水上项目的道具均具备器材检验合格证。

基地主干道均设有监控系统，24小时实时监控，监控资料保存30天以上。不足的是：基地没有应急医务室和医生，如果开展研学课程需在镇上请一位医护人员陪同。

二、研学目标

1. 通过听研学导师讲解及野外体验，了解热带雨林的特征及其作用。

2. 能说出从山麓到山顶植被景观的差异并分析其原因。

3. 能说出气温的垂直变化和水平变化规律并分析其原因。

三、研学课程

【课程一】认识热带雨林（适合初中及高中学段学生）

[课程内容]

1. 研学导师在大课室向学生讲解热带雨林的分布及其环境效益。

2. 认识雨林植物板根现象：以小组为单位，在研学导师的引导下，在露营地附近，找热带雨林特有的板根现象，用自己的语言对这一现象进行描述。

3. 认识雨林植物绞杀现象：以小组为单位，在研学导师的引导下，在露营地附近，找热带雨林植物绞杀现象，用自己的语言对这一现象进行描述。

[知识和能力的检测]

1. 热带雨林有哪些环境效益?

2. 热带雨林中高大乔木植物的板根现象是如何形成的?

3. 热带雨林中特有的绞杀现象是怎么形成的?

该课程需要 4 学时。

【课程二】植被垂直地带性探秘（适合初中及高中学段学生）

[课程内容]

1. 在研学导师的指导下在手机上下载“足迹”软件。

2. 用“足迹”软件监测尖峰岭镇的海拔，观察、拍照记录此处的植被景观，用温度计测量气温。

3. 到露营地时用“足迹”软件监测露营地的海拔，观察、拍照记录此处的植被景观，用温度计测量气温。

4. 登到海拔最高处时，再用“足迹”软件监测此处的海拔，观察、拍照记录登山处的植被景观，用温度计测量气温。

5. 以小组为单位交流介绍本组对景观差异的发现并尝试着分析其原因。

[知识和能力的检测]

1. 对流层气温随高度增高而递减的原因是由于大气热量主要来自（　　）。

A. 地球内部　　B. 地面长波辐射

C. 大气辐射　　D. 太阳短波辐射

2. 如果开始登山处的海拔是 100 米，气温是 31℃，登到山顶时气温为 25℃，请估算山顶的海拔是多少米?

3. 尖峰岭地区山麓与山顶植被差异的原因是什么？

该课程需要6学时。

【课程三】天池温度探秘（适合初中及高中学段学生）

［课程内容］

1. 早上8:00、中午12:00、午后2:00、晚上8:00分别用温度计监测天池所在地的气温。

2. 早上8:00、中午12:00、午后2:00、晚上8:00分别用温度计监测天池的水温。

3. 将监测到气温值和水温值绘在一张纸上，看看天池的气温及水温有何变化规律。

［知识和能力的检测］

1. 为什么一天当中气温最高值不是在中午？

2. 云和雾有何区别？

该课程需要1天时间。

四、研学成果展示

基地研学活动结束后，研学导师或老师要根据学生提交的“知识和能力的检测”，对学生的研学成果进行点评，并让学生填写研学活动记录表。要求课时1学时。

（作者单位：符贵霞，东方市东方中学；莫世琴，尖峰岭科研生产科）

海南昌江县青少年活动中心综合实践基地研学方案

一、基地概况

昌江县青少年活动中心综合实践基地由县城校本区及周边的共享基地共同组成。共享基地有位于县城石碌镇南面 1 千米的海南石碌铁矿、位于县城石碌镇西北面 17.6 千米的海南昌江核电厂、位于县城石碌镇西部 55 千米的棋子湾、位于县城石碌镇东南面 27.9 千米的霸王岭国家森林公园。是集农业及工业教育、自然环境教育、技能教育为一体的综合性实践基地。

【自然与人文资源】

昌江县青少年活动中心县城校区由教学区、开心农场、百果园、运动区四大功能区构成，交通便利，环境优美，能同时满足室内和户外教学活动需求，可开展农田种植、采摘、科技实践活动、二十四节气食育文化教育、昌化古城文化教育等活动。目前有研学导师 15 人。

棋子湾共享基地：东倚昌化岭，西连大海，东西长约 20 千米，呈“S”形，石多沙白浪静。湾内水清见底，沙质洁白如银，海岸奇峰林立，怪石嶙峋多姿，林木苍翠，四季如春。

霸王岭国家森林公园共享基地：总面积 8444.3 公顷，森林覆盖率 97.3%，是热带野生动植物的宝库，林区内原始林木种类达 1400 多种，被列为国家重点保护的珍贵树种如见血封喉、陆筠松等有 27 种，霸王岭热带雨林资源丰富，热带雨林所特有的板根、老茎生花、空中花园、独木成林、能攀善爬的附生植物、缠绕绞杀植物等热带奇观随处可见，是集科学研究、森林资源管护、环境教育、人员培训、生态旅游为一体的研学基地。

石碌铁矿共享基地：石碌铁矿始建于 1939 年，矿区总面积 60 平方千米，铁矿石以质优品位高而闻名海内外，矿石平均品位 51.2%，最高达 69%，是我国一座现代化的重点大矿之一。铁矿储量约 3 亿吨，但到 2017 年 8 月资源已基本开采完。石碌铁矿也已从早期的露天开采转为现在的地下开采。

海南昌江核电厂共享基地：由中国核工业集团公司和中国华能集团公司共同出资建设的海南昌江核电厂占地158公顷，厂区周围进行园林景观规划建设，形成园林景观区。昌江核电项目投产后，已大大缓解了海南省一次能源短缺问题，保障了海南电力供应的稳定、安全和可持续性，极大地优化了海南省的能源结构。

【场地条件】

昌江县青少年活动中心县城校区占地15亩，有办公室3间、报告厅1间（可容纳300人）、功能教室23间；科技活动馆1间，科技活动馆内有各种电子模型；有可供学生参与生产劳作的农场38.8亩，有容纳30人住宿的宿舍楼，餐厅能同时容纳60人就餐，停车场能同时停三辆大巴车。

棋子湾共享基地不仅有广阔的海滨活动场地，基地的酒店可容纳100多人住宿，餐厅能同时容纳130人就餐。停车场能同时停多辆大巴车和小轿车。

霸王岭国家森林公园有105间客房，餐厅能同时容纳130人就餐，停车场能同时停多辆大巴车和小轿车。

海南昌江核电厂的核电展览馆可同时容纳200多人参观，餐厅可容纳300多人就餐，停车场能同时停放多辆大巴车和小轿车。

二、研学目标

1. 能识别常见的热带水果，体验农田耕种及科技活动，增强学生的创新精神和实践能力。

2. 能识别五谷杂粮的形状，体验烹饪食物的乐趣，掌握小桃酥烘焙的基本技能。

3. 了解石碌铁矿的开采历史及选矿的基本流程。

4. 了解核电站选址的基本要求，知道核能发电的基本流程。

5. 了解基岩海岸地貌的特征，学会风向的判断，尝试科学探究的乐趣。

6. 了解热带雨林的作用，能说明形成热带雨林独特的景观特征的原因。

7. 学会合作，学会分享，学会对美的欣赏，掌握基本的生活技能。

三、研学课程

【课程一】农业探秘及科技体验（适合各学段学生）

［课程内容］

1. 识别热带水果：（1）在课室内听研学导师介绍影响热带水果种植的因

素，并观看各种热带水果的图片；（2）在研学导师的引导下，在百果园内观察各种热带水果，记录观察到果实的名称及其形态。

2. 体验农田劳作：（1）在开心农场认识常见的农具；（2）观看研学导师示范某种作物的耕作过程；（3）分组合作完成1小块田地的除草、翻土、培垄、播种或移苗、浇水；（4）研学导师点评各组的劳作成果。

3. 种子的识别及利用：（1）在实操间内听研学导师讲解五谷杂粮的知识；（2）能区别稻、稷（粟或高粱）、麦、豆、麻，并说出其形状；（3）在研学导师的指导下，分组用电饭煲煮一份供四人食用的米饭；（4）分享各自的成果，并谈谈自己的收获。

4. 制作及品尝小桃酥：（1）在面点间听研学导师讲解制作小桃酥所需要的原料及制作步骤；（2）在研学导师的指导下，分组制作小桃酥；（3）分享各组的成果，并交流经验。

5. 科技活动体验：（1）在科技馆听研学导师讲解航模或车模的制作原理；（2）分组观看研学导师的示范性操控；（3）小组合作完成航模或车模的操控；（4）定位飞行或行驶；（5）研学导师点评，并选出优秀作品。

6. 欣赏木棉花（在3—4月）：（1）在运动场观赏木棉花的树干、花朵及果实；（2）听研学导师介绍木棉花的生长习性；（3）尝试以木棉花为背景进行人物构图；（4）分组介绍自己对木棉花的认识，展示各自的摄影作品；（5）研学导师点评并评选最佳摄影作品。

［知识和能力的检测］

1. 说说你认识的热带水果及影响其生长的因素。

2. 影响植物生长发育的因素有哪些？

3. 制作小桃酥需要哪些原料？

上述课程内容中每一项需要2—3课时。

【课程二】探访老工业区（适合各学段学生）

［课程内容］

1. 矿山的历史及矿石的识别：（1）到矿山观景平台，听研学导师介绍石碌铁矿开采的历史；（2）识别观景平台上的各种矿物标本，并记录其特征。

2. 矿石的筛选：（1）听研学导师讲解矿石筛选的原理及技术；（2）在研学导师的引导下，参观筛选厂，观看选矿的流程。

［知识和能力的检测］

1. 石碌铁矿的开采大致分几个阶段？

2. 常见的铁矿石有哪几种?

3. 选矿作业包括哪些内容?目的是什么?

4. 面对裸露的矿山剥离面，你有何感想?

该课程需要5学时。

【课程三】核电站探秘（适合各学段学生）

1. 在核电展览馆听研学导师讲解核电站的选址要求及核能发电的原理。

2. 在核电展览馆参观各种图文资料，找出能证明核电为安全能源的证据。

3. 在研学导师的引导下，参观核电厂区环境。

[知识和能力的检测]

1. 说说核能发电的原理。

2. 为什么相比于常规能源来说，核能是清洁能源?

该课程需要4学时。

【课程四】探究海岸景观（适合初中及高中学段学生）

1. 在棋子湾，听研学导师讲解海岸地貌的类型及棋子湾海岸地貌的特点。

2. 分组观察花岗岩的球状风化现象。

3. 听研学导师讲解海陆风的形成原理，分组用三杯风向仪或纸巾测风向，观察风的来向。

4. 用试纸检测海水的pH。

[知识和能力的检测]

1. 海岸一般有哪些类型?基岩海岸有何特点?

2. 为何花岗岩多呈现球状风化?

3. 海陆风现象是每天都出现吗?

4. 海水的pH一般是多少?

5. 你认为棋子湾目前的开发存在什么问题?应该如何开发?

该课程需要5学时。

【课程五】热带雨林景观探秘（适合初中及高中学段学生）

1. 听研学导师讲解热带雨林的环境效益。

2. 在研学导师的引导下观看热带雨林植物的板根现象、绞杀现象、老茎生花、空中花园奇景，并尝试解释其形成的原因。

[知识和能力的检测]

1. 热带雨林有哪些环境效益?

2. 热带雨林植物中的空中花园是怎么形成的?

该课程需要3 学时。

四、研学成果展示

基地研学活动结束后，研学导师或老师要根据学生提交的“知识和能力的检测”，对学生的研学成果进行点评，并让学生填写研学活动记录表。要求课时1 学时。

（作者单位：蔡晓娴、钟海珍、郭周艳，昌江县青少年活动中心；唐少霞，海南师范大学；张军，昌江中学）

三亚水稻国家公园研学方案

一、基地资源概况

三亚水稻国家公园一期占地面积2800亩，位于海南省三亚市海棠湾海岸南部入口处，属三亚市半小时经济圈。公园距一线海滩只有3千米，靠山近海，地势平坦，渠道阡陌纵横，环境优美。公园以生态文明、农耕文明、稻作文明、乡村文明、科普教育、农业休闲为文化依托；以袁隆平院士及其团队引领水稻绿色革命的伟大成果、以三亚南繁基地的历史成就、以中国与世界水稻文明的关联作为文化视点，确立了“生态、生命、生活”的文化价值观，是海南省首个农旅融合的国家4A级旅游景区。景区已获得质量与环境管理体系认证，并先后获得了全国农村产业融合发展示范园、全国科普教育基地、中国古生物科普工作十大进展奖、中国最佳新型旅游项目奖、海南旅游行业生态魅力奖、省级现代农业产业园、三亚全域旅游实践教育基地、水稻国际论坛永久会址等称号。2019年12月荣获海南省第二批省级研学基地称号。

【自然资源】

三亚水稻国家公园地处北纬18°，属热带海洋性季风气候区，年平均气温25.7℃，气温最高月为6月，平均28.7℃；气温最低月为1月，平均21.4℃，全年日照时间2534小时，年平均降水量1347.5毫米，适宜水稻一年三造，因此成为中国水稻的育种天堂。此外公园地处热泉带，热泉平均水温59℃，属低温温热矿水，热泉中富含氟、硅、氡、锶、锂等有益微量元素，且含量均达到命名矿物质水浓度标准。

【社会文化资源】

三亚水稻国家公园常年宜人的气候孕育着一望无际的五彩稻浪，花姿摇曳的千亩花海，常年飘香的热带蔬果。当地黎族居民世代在这块土地上耕耘、休养生息，形成了绝佳的农业生态环境。当地黎族村民喜歌乐舞，尤其是湾坡村的黎族在婚庆活动时所唱的黎族民歌最具特色，韵律简约而优美，富含浓郁的黎族风情。2014 年初，袁隆平院士选定在水稻国家公园现址上建设国家杂交水稻工程技术研究中心和三亚南繁综合试验基地，并计划建成为“国内第一、国际一流”的国家级杂交水稻南繁核心研发基地。

近年来公园围绕“一中心”（游客中心）、“三大核心主题”（南繁水稻主题、恐龙科普主题、共享农庄/研学旅游主题）、“九大关联主题”（神农文化主题、湿地温泉主题、美人蕉主题、荷花主题、三角梅主题、农耕体验主题、动感体验主题、实景演出主题、高速景观主题）、“六配套”（房车研学营地、稻田盛宴/海鲜广场、“盗梦空间”综合服务区、田野欢歌综合服务区、游客中心商品街区、国际水稻论坛酒店）开展了丰富多彩的研学旅行活动。还先后举办过开镰节、南繁收获季、中国农民丰收节（海南主会场）、2019 首届花田音乐会、大型实景山水演出《田野狂欢》、“大地之夜”大型恐龙奇幻声光秀等文化旅游节庆活动，同时还引进了中国体育庙会、中国好声音、亚洲音乐排行榜、非常“6+1”等大型文化综艺活动。

【场地资源】

三亚水稻国家公园目前已建成“禾下乘凉”游客中心、国家杂交水稻三亚南繁综合试验（袁隆平）基地、南繁水稻科学试验基地、三亚市南繁莲花科研基地、南繁水稻科普文化长廊、二十四节气文化长廊、农耕文化五色长廊、与中国古生物学会共同打造的以 1∶1 原型复原的长达 1.5 千米的中国恐龙科普教育基地、亲子乐园、共享农庄/研学旅游基地、马术体验区、湿地温泉体验区、美人蕉园、三角梅园、莲博园、热带蔬果观光采摘基地、湾坡鸭塘、高速路景观园林、稻田盛宴特色餐饮、房车研学营地。

基地能提供开展研学活动的地点多达 25 个，其中可容纳 800 人的多媒体会议室 1 间，可同时容纳 50 人的研学教室 5 间，可容纳 300 人的研学教室 3 间，户外体验活动的草坪达 40 亩、可供上千名学生开展研学活动的场所 2 处，集活动及休息为一体的露营地平台面积达 2500 平方米。园区还配有五星级房车 20 辆，稻田盛宴餐饮系统能同时解决 2800 人的用餐。

研学基地配有研学导师团队 22 人，其中博士 1 名，硕士 2 名，一级导师 8 名，二级导师 8 名，研学辅导员 4 名。所有研学导师均经过三亚市南繁科技研究院及中国古生物学会专家专业培训，并经考核合格。

研学基地为保障学生安全，全园区设有无死角的监控系统，实施 24 小时实时监控，监控资料保存 30 天以上；有超过 30 名的安保人员；另设有应急医务室，配医生 2 名、护士 2 名，有急救箱、各种应急药品等。

二、研学目标

1. 知道海南作为南繁育种基地的优势及发展南繁育种的意义。

2. 知道袁隆平“杂交水稻”的价值，增强民族自信心。

3. 了解水稻种植的基本步骤及水稻各阶段的生长习性。

4. 通过田间劳作及室内生活艺术类创作，了解农耕文化，感受祖辈农耕的辛苦，珍惜来之不易的幸福生活。

5. 了解恐龙生长时期的地球环境及恐龙的主要种类，激发学生科学探究的兴趣。

6. 体验采莲、制作花茶及 DIY 南瓜艺术画等项目，激发学生想象力及思维能力、提高观察能力及动手能力。

三、研学课程

【课程一】水稻的故事（适合各学段学生）

［课程内容］

1. 听研学导师讲解水稻历史、南繁水稻发展历程、三亚作为水稻南繁育种基地的优势及袁隆平院士为国家和世界作出的贡献。

2. 参观三亚市南繁科学技术研究院和国家杂交水稻工程技术研究中心的水稻科研基地，观察水稻外形、区分水稻品种、了解水稻生长要求等。

3. 体验稻田育种、稻田插秧、稻田捕鱼、稻田收割、稻田脱粒、田间烹饪米饭等劳作。

4. 提出既能达到种植要求，又能节省人工的种植方法，并讨论体验。

5. 体验稻画 DIY、米艺术创作，开启学生关于稻、谷、米的奇思异想之旅。

［知识能力检测］

1. 三亚作为南繁育种基地有何优势？

2. 袁隆平的杂交水稻有何价值？

3. 袁隆平院士目前最高产量的水稻是哪个品种？（　　）

A. 湘两优 2 号　　B. Y 两优 900　　C. 隆两优华占　　D. 超优千号

该课程需要 4—16 学时（研学前请联系研学基地以确定）。

【课程二】恐龙知识探秘（适合各学段学生）

［课程内容］

1. 在大课堂上听研学导师讲解恐龙相关知识。

2. 进入全国恐龙科普教育基地，近距离观看 1∶1 原型复原恐龙的形态、肤色、神态、动作，仔细倾听分辨恐龙声音等，现场从外形区分植食类和肉食类恐龙。

3. 在研学导师的引导下参与恐龙挖掘、恐龙的色彩世界、恐龙塑形等 DIY 体验。

4. 分组表演话剧——恐龙的世界。

［知识能力检测］

1. 恐龙生活在地球上哪个时代？为什么当时能得以大量繁殖？

2. 截至 2017 年在中国共发现了多少个种类的恐龙？园区有多少种？多少只？（　　）。

A. 277、277、323　　B. 278、288、299

C. 287、277、323　　D. 277、277、321

该课程需要 4—16 学时（研学前请联系研学基地以确定）。

【课程三】探秘莲花之旅（适合各学段学生）

［课程内容］

1. 在研学导师的带领下进入莲花种植基地，观察各种莲花的形态，记录各种类莲花的特征。

2. 听研学导师讲解莲花的种植知识、莲花特殊文化内涵及南繁莲花的科技应用。

3. 现场体验莲花起舞、游湖采莲、探秘莲花种子。

4. 在研学导师的指导下制作莲花芝麻酥、炮制莲花茶、制作干鲜莲花等。

［知识能力检测］

1. 九品香水莲有几种颜色？

2. 莲花与荷花有何区别？

该课程需要 4—16 学时（研学前请联系研学基地以确定）。

【课程四】奇妙的南瓜（适合各学段学生）

［课程内容］

1. 听研学导师介绍南瓜的发展历程及南瓜的相关知识。

2. 分组拿着不同品种的南瓜图片到南瓜种植基地里寻找对应的南瓜。

3. 观察并记录所寻到不同品种南瓜的形态特征。

4. 在研学导师的指导下，体验 DIY 南瓜艺术画、创意南瓜造型及南瓜美食制作。

［知识能力检测］

1. 南瓜是（　　）的草本植物。

A. 一年生　　B. 两年生　　C. 三年生　　D. 多年生

2. 南瓜主要分为三大类型，分别为（　　）。

A. 美洲南瓜、印度南瓜、中国南瓜

B. 美洲南瓜、非洲南瓜、印度南瓜

C. 中国南瓜、澳大利亚南瓜、印度南瓜

D. 亚洲南瓜、欧洲南瓜、美洲南瓜

该课程需要 4—16 学时（研学前请联系研学基地以确定）。

【课程五】温泉探秘（适合各学段学生）

［课程内容］

1. 听研学导师讲解温泉的形成。

2. 分组对水温进行检测：（1）用温度表检测温泉的水温；（2）用温度表检测自来水的水温；（3）说出温泉水与自来水的温差。

［知识能力检测］

1. 温泉形成需要具备哪些条件？

2. 温泉有哪些类型？

该课程需要 2 学时（研学前请联系研学基地以确定）。

四、研学成果展示

基地研学活动结束后，研学导师或老师要根据学生提交的“知识和能力的检测”，对学生的研学成果进行点评，并让学生完成研学旅行活动记录表。要求课时 1 学时。

（作者单位：陈晓骞，三亚市第四中学；覃琳琳，三亚水稻国家公园）

☆明星基地

中国科学院海南热带海洋生物实验站研学方案

一、基地资源概况

中科院海南热带海洋生物实验站科普基地位于海南省三亚市鹿回头路28号，隶属于国家综合性海洋研究机构中国科学院南海海洋研究所。始建于1979年，是中国科学院海南热带海洋生物重要的实验平台站，2011年加入中国海洋学会全国海洋科普教育基地。科普基地主要有三个区域：室外养殖大棚、珊瑚礁生态系统模拟实验室、科普标本厅。其中，室外养殖大棚育有海龟、玳瑁、砗磲、法螺、唐冠螺等珍稀水生动物；珊瑚科普馆拥有8套珊瑚礁生态系统室内模拟装置，总水体达25吨，目前保有珊瑚80余种、300余颗，鱼类22种、70余条，棘皮动物、软体动物、节肢动物若干；标本馆保藏有多种大型珊瑚及砗磲标本。本基地是国内唯一具备砗磲繁育及珊瑚、法螺、唐冠螺养殖技术的机构。

【场地资源】

基地拥有室外海洋生物繁育大棚及珊瑚礁生态系统模式实验室1间，可同时容纳20名学生开展参观及科普实验；科普标本及会议厅1间，具备投影仪、音响等多媒体设备，可容纳50人。基地停车场可同时停大巴车6辆，小轿车50辆。

二、研学目标

1. 能说出南海常见海洋生物的名称及习性。

2. 通过参观养殖大棚和标本馆，识别南海基本的水生生物种类。

3. 通过观察珊瑚养殖池和体验珊瑚组培技术活动，感受珊瑚礁修复工作的艰难，领悟海岸环境保护的重要意义。

三、研学课程

【课程一】海洋生物知识探秘（适合各学段学生）

[课程内容]

1. 在多媒体课堂听研学导师介绍南海绍鱼、海葵、贝类、海龟等海洋生物的名称、外形特征与习性。

2. 在多媒体课堂听研学导师介绍珊瑚虫的习性、珊瑚礁的形成及其对海岸的保护作用。

3. 分组到室外养殖大棚及标本馆观察各种海洋生物，并将自己熟悉的海洋生物名称记录下来。

[知识和能力的检测]

1. 玳瑁与普通海龟有何不同?

2. 珊瑚礁是怎样形成的? 珊瑚礁对海岸有何作用?

3. 分组说出自己参观后已熟记的海洋生物。

该课程需要2学时。

【课程二】探究珊瑚养殖技术（适合各学段学生）

[课程内容]

1. 分组在珊瑚养殖实验室，听研学导师介绍珊瑚养殖池中水温、光热、盐度、酸碱度的条件。

2. 分组听研学导师介绍珊瑚虫的组培技术（每组人数宜18人）。

3. 观察人工渔礁模型及珊瑚基座实物。

4. 分组进行珊瑚虫组培实验操作、珊瑚基座安装及珊瑚虫喂食（每组人数宜6人）。

5. 各组展示各自的实验成果。

[知识和能力的检测]

1. 珊瑚到底是植物还是动物?

2. 珊瑚虫的生长应具备哪些条件?

3. 对珊瑚虫进行组培繁殖有何意义?

该课程需要4学时，课程人数：20人/批。

四、研学成果展示

基地研学活动结束后，研学导师或老师要根据学生提交的“知识和能力的检测”，对学生的研学成果进行点评，并让学生填写研学活动记录表。要求课时1学时。

（作者单位：刘艾青，西南大学三亚中学；陈衍岛，中国科学院海南热带海洋生物站科普基地）

各基地知识和能力检测题参考答案

海南热带野生动植物园研学方案

【课程一】探秘狮虎之恋

1. B。

2.（1）狮虎兽（英文名 liger）主要是人类影响或主使之下的产物，是雄性狮子和雌性老虎交配产生的后代。（2）老虎和狮子属于不同的物种，不同种属的物种之间因为生殖隔离，一般不能交配。但在一小部分物种之间，特别是亲缘关系很近，属于同一个科目和属的物种，会有个别杂交成功生育的例子，但杂交的后代自然情况下一般不可生育。

3. 狮子是，但老虎不是。社会性行为是指一些群体生活的动物，群体内部形成一定的组织，成员之间有明确分工，共同维持群体生活的行为。因为狮子和老虎所生活的环境和猎物不同。老虎多数生活在山林间，捕食的时候可以利用山林复杂的地形和高大错落的植物进行非常有利的掩护，更利于发起突然袭击和短距离的伏击，所以它们基本能独自完成捕猎。而狮子生活的环境是在非洲大草原，相比老虎居住的环境，大草原地域开阔，鲜有植物或地形阻碍，狮子的主要猎物多是些善于奔跑或是身强力壮的群居动物，如果狮子像老虎那般单兵作战，胜算寥寥无几，所以狮子更需要团队协作，共同完成捕猎。

【课程二】探究猴王奇妙的生活

1. 猴子在发情期，公猴之间为了争夺交配而打斗，谁赢谁当王。当了猴王后，就拥有食物优先权及交配优先权，并且有护卫、王妃、舒适的居住场所，失败的公猴只能另立山头等待东山再起。猴王的竞争是残忍和激烈的。当猴王年老力衰，青春不再，则会遭受到惨烈的报复，被逐出猴群，甚至会被群猴咬死。

2. 不是。人类由南方古猿进化而来，南方古猿不是猴子。猴子只不过是古猿进化时产生的分支而已，可以说人类和猴子拥有共同的祖先，但不能说人类是由猴子进化而来。人类进化起源于森林古猿，经历了猿人类、原始人类、智人类、现代人类四个阶段。

3. D。

【课程三】观察可爱的动物

1. 长颈鹿是一种生长在非洲稀树草原地带的反刍偶蹄的草食动物，以树叶及小树枝为主食。在野外长颈鹿的寿命为27年左右，动物园里的能活过29年，它们是世界上现存最高的陆生动物。站立时由头至脚可达6—8米，体重约700千克，刚出生的幼仔就有1.5米高；皮毛颜色花纹有斑点和网纹型，头的额部宽，吻部较尖，耳大竖立，头顶有1对骨质短角，角外包覆皮肤和茸毛；颈特别长（约2米），颈背有1行鬃毛；体较短；四肢高而强健，前肢略长于后肢，蹄阔大；尾短小，尾端为黑色簇毛。

2. 火烈鸟栖息于温热带盐湖水滨，涉行浅滩，以小虾、蛤蜊、昆虫、藻类等为食。觅食时头往下浸，嘴倒转，将食物吮入口中，把多余的水和不能吃的渣滓排出，然后徐徐吞下。喜欢群居，生性怯懦，一有风吹草动就成群结队的飞走，体羽白而带玫瑰色。

3. 大熊猫以竹子为主食，在地球上已生存至少800万年，在漫长的变迁及进化过程中，仍保持着祖先们的模样，是世界上最珍贵的动物之一，属于国家一类保护动物，数量十分稀少，被誉为“活化石”，野外大熊猫的寿命为18—20岁，圈养状态下可以超过30岁。此外，大熊猫是世界上最可爱的动物之一，它体态丰满，圆圆的脸颊，大大的黑眼圈，很像戴着一副“八”字形的黑眼镜，头上还有一对整齐的黑耳朵，四肢粗壮，尾巴短秃，毛色奇特，头和身躯乳白色，而四肢和肩部为黑色，长相俊俏，神态温驯，标志性的内八字的行走方式，给人以优雅、活泼的感受。由此成为“中国国宝”动物。

【课程四】穿越仿真恐龙园

1. 并不是所有的恐龙都拥有巨大的体形，还有很多种类的恐龙只有几十厘米的身长，如小驰龙成年个体全长只有39厘米；小盗龙身长55—77厘米。

2. 恐龙出现于三叠纪，鼎盛于侏罗纪、白垩纪中期。英国剑桥大学的古生物学家马修·巴伦认为，恐龙起源时间大约距今2.47亿年前。科学家研究表明，整个侏罗纪时期，地球气候大多数时期处于温暖和潮湿，繁茂的森林植被为恐龙提供充足的食物来源，因此各种类型的恐龙得以繁殖衍生。

3. 关于恐龙灭绝的原因，科学家们一直在寻找证据。最新研究表明：6500 万年前，一颗体积较大的小行星碰撞在尤卡坦半岛希克苏鲁伯地区，随后碰撞引发超级火山喷发，导致地球气候发生显著变化，最终恐龙在一连串的灾难中无法适应，最终走向了灭绝之路。

【课程五】热带植物的秘密

1. A、B、C、E。

2. 槟榔能杀虫、消积、下气、行水；巴戟天能补肾助阳、祛风除湿、强筋健骨；益智仁能温脾止泻、摄垂涎、暖胃；砂仁能化湿开胃、温脾止泻、理气安胎。

3. 一般树木的枝条或树干上都有很多枝芽、叶芽、花芽，但由于种种条件的限制，这些芽得不到进一步的发育，变成了隐芽。而波罗蜜树干上的这些花芽，在热带高温潮湿的气候条件下，却得以开花结果。波罗蜜在幼树的时候，会在主枝上开花结果，但随着树龄的增加，它的结果部位逐步下移，出现老茎开花挂果的奇观。

4. 榕树的适应性强，喜疏松肥沃的酸性土，在瘠薄的沙质土中也能生长，不耐旱，较耐水湿，短时间水涝不会烂根。在潮湿的空气中会生出许多像胡须一样的气根，那些从大树枝上垂下一簇簇的气根，只要接触到土壤，就能吸取土壤中的营养，茁壮成长，最终发展成和母树一样粗的树干，无数的气根连同母树一起繁衍不息，树冠也会越来越大，于是“孤独”的榕树就形成了一片壮丽的树林。

雷琼世界地质公园（火山口公园）研学方案

【课程一】探秘火山及岩浆的形成

1. B。

2. 火山锥是火山喷出物在喷出口周围堆积而形成的山丘。由于喷出物的性质、喷出物的多少不同和喷发方式的差异，火山锥具有多种形态和构造。以组成物质划分为：火山碎屑物构成的碎屑锥；熔岩构成的熔岩锥（熔岩丘）；碎屑物与熔岩混合构成的混合锥。圆锥状的火山锥是标准的火山锥形象。

【课程二】定向越野

1.（1）①把指南针平放、周围不要有磁场干扰；②待指针摆动停止后，看指针所指方向对应的汉字或字母即可；③北（N）、南（S）、东（E）、西（W）。

（2）站在所指定地点，①用指南针确定好所在地点的正北方位；②将地图的正北方向与实地的正北方向重叠；③在图上找到计划前往的目的地；④以所站地点为圆点画十字方位，注意图中的正北方始终要与实地的正北方一致；⑤看计划前往的目的地落在十字方位的位置，即可。

2. 火山喷发将地下深处丰富的矿物质和微量元素带到地表，火山岩风化成肥沃的土壤，火山灰成为天然的优质肥料，土壤中微量元素含量丰富，包括含有能促进水果糖分转化的微量元素钼。所以园区内植物的生长条件优越，微量元素含量丰富，水果口感更好。

【课程三】实地感受马鞍岭火山锥的完美

1. B。

2. 马鞍岭由 2 座火山组成，分别为风炉岭和包子岭，两个火山口相距不到 1 千米，合称为马鞍岭。风炉岭旁侧有两个寄生小火山，犹如眼镜而名眼镜岭。

3. 略。

【课程四】神奇的岩浆岩

1. 玄武岩是由火山喷发出的岩浆冷却后凝固而成的一种致密状或泡沫状结构的岩石，它的矿物结晶颗粒细小，其中多气孔状的玄武岩，也称为浮石。玄武岩抗压性强、压碎值低、抗腐蚀性强，而且耐磨性好，吸水率高，是非常好的建筑装饰材料，能广泛用于室内外装饰及铺路。此外，一些艺术家还会根据浮石多孔、皱、漏的特点，用来建造园林中的假山，或雕成小巧玲珑的盆景。

2. 火山碎屑岩是由于火山喷发所产生的各种碎屑物质经过短距离搬运或沉积固结而形成的岩石。

3.（1）从火山口喷出的酸性和中性熔岩流动缓慢，一般每小时几米、十几米。熔岩在沟谷中则形成长舌状，叫熔岩流；在平坦地面则铺开成层，叫熔岩被。熔岩冷却后的表面或呈波状，或呈绳状。

（2）火山口公园的熔岩流遗迹有三层熔岩流地表形态，非常具有层次感，说明至少间歇性喷发过 3 次。第一次喷发岩浆冷却凝固成岩石后，第二次喷发又凝固成岩石覆盖在上面，以此类推，第三次喷发又凝固成岩石覆盖在上面，所以就形成了三层。

【课程五】探究玄武岩的用途

1. A、B、C。

2. 略。

3. 用玄武岩做建筑材料，石山地区的地表形态比较多，人们就地取材，可以节约成本；屋面呈“人”字形，目的是适应热带季风区雨季屋面排水。

儋州东坡文化旅游区（东坡书院）研学方案

【课程一】景区游览

1. B。 2. A。

3. 苏东坡在载酒堂里开课讲学，开化了海南这片荒蛮之地，使其“书声琅琅，弦歌四起”；带领乡民挖井取水，改变了当地乡民饮用塘水的习惯。不仅改变了海南人的生活习惯，还积极地改进了海南人的生产劳动习惯。

【课程二】私塾课堂

1. 2. 交流分享言之有理即可。

【课程三】文物拓片体验

1. 指将碑文石刻、青铜器等文物的形状及其上面的文字、图案拓下来的纸片，拓片是记录中华民族文化的重要载体之一，能有效地将石碑、甲骨、青铜器皿上的书法文字及少量的花纹图案保存下来。

2. (1) 把石头表面清洗干净，将要拓的花纹或文字尽可能剔刷清楚；(2) 用大小合适的宣纸盖上，把纸轻轻润湿；(3) 然后在湿纸上蒙一层软性吸水的纸保护纸面，用毛刷轻轻敲捶，使湿纸贴附在该物表面，随着它的花纹文字而起伏凹凸，再除去蒙上的那层纸，等湿纸稍干后，用扑子蘸适量的墨，敷匀在扑子面上，在突起的物象上轻轻扑打，就会形成黑白分明的拓片。

【课程四】书法创作体验

1. 中国古代传统文化中的文书工具，即笔、墨、纸、砚。文房四宝之名，起源于南北朝时期。

2. 现场实施即可。

【课程五】体验雕版印刷

1. B。

2.（1）选择雕版印刷的版料，一般选用纹质细密坚实的木材，如枣木、梨木等；（2）把木材锯成一块块木板；（3）把要印的字写在薄纸上，反贴在木板上；（4）根据每个字的笔画，用刀一笔一笔雕刻成阳文；（5）当雕版上的每个字笔画都清晰之后，雕版就制作好了；（6）用一把刷子蘸上墨，在雕好的板上刷一下，接着用白纸覆在板上，另外拿一把干净的刷子在纸背上轻轻再刷一下，把纸拿下来，这一页书的字就印好了。

3. 能满足人们对书籍产生的大量需求。

【课程六】泛舟东坡湖

参考：儋州调声是仅流传于海南省儋州市一地，具有独特的地域风格的传统民间歌曲，用儋州方言演唱，节奏明快，旋律优美，感情热烈，可歌可舞，被誉为“南国艺苑奇葩”。

【精品七】欣赏东坡乐坊

言之有理即可。

海南呀诺达热带雨林文化旅游区研学方案

【课程一】雨林探秘

1. 在热带雨林中，土壤中的水分常处于近饱和状态，植物不需要向下扎根太深即可得到足够的养分，高密度植被使得植物需要尽力向高处生长，以争夺阳光，这样就造成植物“头重脚轻”的现象。为了解决“头重脚轻站不稳”的难题，雨林中高大的乔木植物在进化过程中便由树干的基部如翅膀状向四周延伸，形成板状的根即板根。

2. 热带雨林中特有的绞杀现象，反映了雨林中竞争的激烈程度，绞杀植物大多是榕树，这些绞杀植物的种子多通过鸟类的粪便或者被风刮到棕榈树、铁杉树等易于榕树生长的树干上，等到发芽后，其根就植入被绞杀植物的底部。绞杀植物缠绕于棕榈树、铁杉树等茎干上，与被绞杀植物争夺养料和水分，绞杀者慢慢成长为既附生又自主的热带植物。若干年以后，绞杀植物的根牢牢隔断了棕榈树、铁杉树的水分供给，被绞杀植物就会因营养和水分不足而逐渐死去。

3. 橡胶树的树皮里，有大量能够制造胶乳的乳管，当树皮被割破后，便会溢流出来。乳汁流动的快慢和数量，与温度和空气湿度有密切的关系。据分析，割胶的最佳温度是19—25℃，这时胶乳的产量和干胶的含量都较高。当气温超过27℃时，水分蒸发快，胶乳凝固快，排胶时间短，产量低。但也不是温度越低越好，当气温低于18℃时，胶乳流速放慢，排胶时间长，胶乳浓度低，还容易引起树皮生病或死皮。因此，在割胶季节里，清晨4—7时气温一般在19—25℃，最为合适，产量最高，所以橡胶树割胶的时间选择在凌晨进行。

【课程二】雨林生存技能

1. 见海南鹦哥岭自然保护区（鹦哥嘴分站）研学方案课程三的答案。

2.（1）找河流，一般来说在季风气候区有山的地方就有河流，向地势低的地方寻找小河或者小溪。（2）找喜水动植物，在喜水植物附近，很有可能会有泉眼，如果泉水没有流出地表，可以往地下挖一小坑，即可看到水。（3）从植物中取水，像竹子等植物，只要轻轻割开一个口子，一般会有水流出来。（4）遇到下雨时，用大的叶子做成一个雨水收集装置，将小小的雨水收集使用。

3.（1）近水。营地要选择离水源近的地方，这样既能保障做饭、饮用的用水，又能提供洗漱用水。但在深山密林中，靠近水源会遇到野生动物，要格外小心。（2）背风。最好是在小山丘的背风处，林间或林边空地、山洞、山脊的侧面和岩石下面等。（3）避险。营地上方不要有滚石、滚木，不要在泥石流多发地建营，雷雨天不要在山顶或空旷地上安营，以免遭到雷击。（4）防兽。建营地时要仔细观察营地周围是否有野兽的足迹、粪便和巢穴，不要建在多蛇多鼠地带，以防伤人或损坏装备设施。要有驱蚊、虫、蝎药品和防护措施。在营地周围遍撒草木灰，会非常有效地防止蛇、蝎、毒虫的侵扰。（5）日照。营地要尽可能选在日照时间较长的地方，这样会使营地比较温暖、干燥、清洁，便于晾晒衣服、物品和装备。（6）营地的地面要平整，不要存有树根草根和尖石碎物，也不要有凹凸或斜坡，这样会损坏装备或刺伤人员，同时也会影响人员的休息质量。

【课程三】体验民俗生活

1. 用一节午竹或甜竹，把一端挖通待装米；将陉稻香米或紫米洗净泡水，直接装入竹筒，再用香蕉叶把竹筒口塞紧，或用香蕉叶把洗干净的米包起来再装入竹筒；装好以后，放在文火上烧烤，待竹筒表面层烧焦即可；剖开后就是香喷喷的竹筒饭。

2. 由来：黎族同胞为纪念渡海而来的黎族祖先，故以船的形状建造住屋，因外形酷似船篷通常称为船形屋，船形屋是黎族最古老的民居，有高架船形屋与低架（落地式）船形屋之分，其外形像船篷，呈拱形，用红、白藤扎架，拱形的人字屋顶上盖以厚厚的芭草或葵叶，几乎一直延伸到地面上。

作用：其圆拱造型利于抵抗台风的侵袭，架空的结构有防湿、防瘴、防雨的作用，茅草屋面也有较好的防潮、隔热功能；而且能就地取材，拆建方便。

【课程四】拓展课程

1. 因为在北半球，地转偏向力是向右偏的，为了保持平衡，在高空滑索中，尽量将脑袋往左偏。

2. 为开放性题目，学生言之有理即可。

中国热带农业科学院香料饮料研究所（兴隆）研学方案

【课程一】华侨文化与爱国植物

1. C。 2. B。 3. C。

4. 原因：(1) 东南亚的归国华侨大部分与海南岛关系密切；(2) 海南岛的自然条件与东南亚地区的比较一致，方便东南亚归国华侨从事熟悉的热带经济作物种植；(3) 海南岛人口密度小，尤其是兴隆地区地广人稀。

5. 语言、歌舞、服饰、饮食、建筑、习俗。

【课程二】走进奇特的热带雨林

1. D。 2. B。 3. A。

4. 经济效益：能提供大量珍贵的药材、大量的木材、大量的生物资源。环境效益有：调节气候，涵养水源，保护淡水资源、防止水土流失，保护生态环境，能吸收大量的二氧化碳，对气候的变化发挥关键作用。

【课程三】可可文化与巧克力制作体验

1. 巧克力含有丰富的碳水化合物、脂肪、蛋白质和各类矿物质，补充能量；能缓解情绪低落，使人兴奋；对于集中注意力、加强记忆力和提高智力有一定的作用；有利于控制胆固醇的含量，保持毛细血管的弹性，具有防治心血管循环疾病的作用；巧克力中含有的儿茶酸与茶中的含量一样多，儿茶酸能增强免疫力，预防癌症，干扰肿瘤的供血；是抗氧化食品，对延缓衰老有一定功效。

2. 略。

【课程四】搭建理想的植物王国

1. 微景观是将苔藓、多肉等植物，加上各种篱笆、沙石、可爱的卡通人物、动物装进一个瓶子里，构成妙趣横生的场景。

2. A。

【课程五】叶子的神奇价值

1. （1）面包果叶子：卵形至卵状椭圆形。（2）菠萝叶子：剑形等。

2. C。　3. B。

4. （1）挑选出革质的形状完好的老叶子（如山毛榉叶子）；（2）将叶子放入烧杯中，加入10%—15%的NaOH（或Na_2CO_3或在500毫升的水中加入50克的洗衣粉）水溶液，溶液要将叶子完全浸没；（3）加热煮沸10—15分钟；（4）用镊子将叶子取出平放在塑料纱网上，用自来水冲洗，并用小牙签或小毛刷将残留的少量叶肉组织去掉；（5）用镊子将网状的叶脉取出平放在吸水纸上压平压干；（6）用镊子将叶脉放入染料缸中染色或用墨水染上自己喜欢的颜色；（7）染色后，取出平放在吸水纸上压平压干，在粗的叶脉基部系上绳子即可。

【课程六】给小花苗换个大房子

参考：准备材料（花盆、种子、土等）—育种—将3—5厘米的小苗移入花托中—将8—10厘米高、有两片以上真叶的花苗带土球移入花盆中—浇水—养护。

【课程七】植物生长的秘密

1. B。　2. 略。

【课程八】香料植物探秘

1. 生姜、蒜、胡椒、香草兰、八角、肉桂、丁香等。

2. 分别是块根、树皮、叶、茎、种子、果荚。

3. （1）颜色不一样，一个是黑色，一个是白色。（2）两者的加工工艺不一样，白胡椒是果实成熟之后，把种皮去掉之后得到的种子；黑胡椒是直接晒干得到的果实。(3)用途不一样，黑胡椒主要用来烤肉；白胡椒主要用来煲汤做火锅。

【课程九】植物精油提取及调试体验

1. 按照植物分为：柑橘类、花香类、草本类、樟脑类、辛香类、树脂类、木质类、土质类。

2. (1)水蒸气蒸馏法：是利用水蒸气将挥发性较强的植物芳香油携带出来，形成油水混合物，冷却后，混合物又会重新分为油层和水层；(2)压榨法：是利用机械压力榨出芳香油，所有柑橘属植物都采用此法；(3)萃取法：利用溶剂将精油溶解出来后，再将溶剂分离，即可取得纯精油制品的方法。

【课程十】奇妙的微生物

1. 日常生活中我们肉眼能够看见的是生物，而那些仅凭我们肉眼很难观测到的生物，就是微生物。

2. 有益的：乳酸菌、酵母菌、醋酸杆菌、枯草芽孢杆菌等；有害的：大肠杆菌、感冒病毒、黄曲霉、肺炎链球菌等。

3. 不喝生水；不喝打开时间过长的饮料；讲究卫生，勤剪指甲，勤洗澡，勤换洗衣服；不吃过期腐败食物；新鲜水果要清洗干净。

4. (1)有害的作用：导致传染病的流行，在人类疾病中有50%是由病毒引起；有些微生物是腐败性的，会引起食品气味和组织结构发生不良变化。

(2)有益的作用：很多菌种的次级代谢产物是对人类疾病非常有用的抗生素，如绿色丝状菌产生的青霉素；一些微生物被广泛应用于工业发酵，生产乙醇、食品及各种酶制剂等；作为分解者是生态系统中的清道夫，可以分解有毒物质，对污水处理、自然界自净作用有很重要的意义。

【课程十一】热带香料饮料植物探秘

1. 咖啡、可可、茶叶。　2. 咖啡。　3. 可可。

4. 静电作用，先用勺子摩擦生电，再接近这堆混合物，食盐和胡椒都会被吸上来；但食盐是离子晶体，它碰到梳子或玻璃棒后会把一部分电导过来，然后与梳子或玻璃棒排斥，而胡椒是有机物，不会导电；外在看来，食盐吸上来了立刻又弹开了，而胡椒会紧紧地吸在梳子上，就这样把食盐和胡椒分开了。

海南科教防灾减灾训练基地研学方案

【课程一】防灾减灾常识

1. 中国是世界上自然灾害最为严重的国家之一，灾害种类多、分布地域广、发生频率高、造成损失重。中国面临的自然灾害形势严峻复杂，在这种背景下，设立“防灾减灾日”，既体现了国家对防灾减灾工作的高度重视，也是落实科学发展观、推进经济社会平稳发展、构建和谐社会的重要举措。通过设立“防灾减灾日”，定期举办全国性的防灾减灾宣传教育活动，有利于进一步唤起社会各界对防灾减灾工作的高度关注，增强全社会防灾减灾意识，普及推广全民防灾减灾知识和避灾自救技能，提高各级综合减灾能力，最大限度地减轻自然灾害的损失。

2. 自然灾害：气象灾害（如台风、龙卷风）、海洋灾害（如海啸、赤潮）、洪水灾害（如山洪、泥石流）、地质灾害（如滑坡、地面塌陷）、地震灾害等；人为灾害：战争灾害、过失灾害、犯罪灾害、技术灾害、交通事故、医疗事故、安全生产事故等。

【课程二】防灾设备及用品的使用

1.（1）适用范围：适用于扑救各种易燃、可燃液体和易燃、可燃气体火灾，以及电器设备火灾。（2）操作步骤：①右手扶着压把，左手托着灭火器底部，轻轻取下灭火器；②右手提着灭火器到现场；③除掉铅封；④拔掉保险销；⑤左手握着喷管，右手提着压把；⑥在距离火焰 2 米的地方，右手用力压下压把，左手拿着喷管左右摆动，喷射干粉覆盖整个燃烧区。

2. C。　3. B。

4. 食物中毒、煤气中毒、小儿气管异物、老人噎食、烧烫伤、电击伤、骨折、中风等。

5. 酒精棉、手套和口罩、0.9% 的生理盐水、消毒纱布、绷带、胶布、创可贴、小剪刀、正露丸等。

6.（1）要讲清楚起火单位、村镇名称和所处区县、街巷、门牌号码；（2）要讲清什么物品着火，火势大小如何，有无爆炸物品，危险化学品，是否有人员被围困；（3）要讲清报警人的姓名、单位及使用的电话号码；（4）清楚、简洁地回答消防队的询问。

7. A。

【课程三】 常见毒品的识别

参考：毒品进入人体，会使人体产生身体和精神依赖，并使人出现不安、焦虑、忽冷忽热、起鸡皮疙瘩、流泪、流涕、出汗、恶心、呕吐、腹痛、腹泻等痛苦现象。

【课程四】 防身及逃生训练

1. A、B、C。

2. 在火灾发生时，为了防止火场浓烟呛入，可采用毛巾、口罩蒙鼻，匍匐撤离。贴近地面撤离是避免烟气吸入，如果需要穿越火场逃生时最佳方法应该是穿戴防毒面具、头盔、阻燃隔热服等护具，如果没有这些护具，那么可向头部、身上浇冷水或用湿毛巾、湿棉被、湿毯子等将头、身裹好，再冲出去。

3. A。

4. 地震发生时如果是在高楼里，跑出来几乎是不可能的，因此应该选择就近躲避，可以躲在室内结实、不易倾倒、能掩护身体的物体下或物体旁，房间小、有支撑的地方，同时应趴下，使身体重心降到最低，脸朝下，不要压住口鼻，以利呼吸；蹲下或坐下时尽量蜷曲身体；抓住身边牢固的物体，以防摔倒或因身体移位，暴露在坚实物体外而受伤；如果是在平房里，发现预警现象早，室外比较空旷，则可力争跑出，到远离建筑物、开阔、安全的地方避震，人多时要听从指挥。

三亚大小洞天研学方案

【课程一】 海岸探秘

1. 参考：花岗岩岩石比较硬，受地壳内部应力作用时，呈现脆性变形，节理发育，碎裂的岩石多棱角，但由于尖棱状的岩石在地表接受风化时，棱角部位与大气接触面大，易受风化，当棱角逐渐风化掉后，岩石最终趋向球形。

2. 参考：（1）海蚀平台是海蚀崖前的平台状地形，属海岸侵蚀地貌。在海浪作用下，海蚀崖不断发育、后退，在海蚀崖向海一侧的前缘岸坡上，便塑造出一个微微向海倾斜的平坦岩礁面。（2）海岸的悬崖上被海水侵蚀的洞穴就叫作海蚀洞，这种洞穴常见于海崖上岩石裂缝发育的地方，因受海浪不断冲击，岩石不断碎落成空洞，是机械侵蚀的产物。

3. 参考：海陆风是由于海陆热力差异而形成的风向，以一天为周期（白天吹海风，晚上吹陆风）而转向的风。白天不一定都吹海风，因为这种局部热力差异形成的气压梯度比较小，只有当大范围水平气压场比较弱时才能显现出来。

4. 参考：(1) 在平缓而漫长的沙岸或泥岸，海水冲向海滩后再周而复始地缓缓回落，一般构不成强劲的离岸流。但如果在某个时刻，冲向海滩的海水因某种扰动聚集起来，退落时就可能形成离岸流。离岸流是一股射束似的狭窄而强劲的水流，它以垂直或接近垂直于海岸的方向向外海流去。其宽度一般不超过 10 米，长度一般在 30—50 米，有的长达 700—800 米。水流速度很快，流速可高达每秒 2 米以上。(2) 离岸流是垂直于海岸线、向外海方向快速移动的强劲海流。它对在海边的人员非常危险，没有经验的游泳者一旦被离岸流带离浅滩，很难与之对抗游回岸边，往往因力竭而溺水。(3) 在海边游玩时要看清海水浴场的警示牌，如发现海里有狭窄而浑浊的条状水流，应远离该水域；农历初一或十五前后天文大潮期间及台风来临、风大浪高之时，最好不要下水游泳。

【课程二】保护海洋环境

1. 参考：从水循环的角度分析，李白诗词的前半句是对的，地表水来源于降水，但降水形成的地表径流，会流入大海，而海陆间水循环的水又来源于海洋。因此后半句不对。

2. 参考：海水由于弱酸性阴离子的水解作用而呈弱碱性。海水 pH 变化不大，一般在 8.0—8.5。

3. 参考：(1) 海洋是生命的摇篮，它为生命的诞生、进化与繁衍提供了条件，生物的演变进化离不开海洋；(2) 海洋为人类提供了风能、食物、水、旅游、矿物等一系列资源；(3) 但随着海洋的开发，也带来了严重的海洋环境污染问题，海洋本身虽有着巨大的自然净化能力，但当大量的有害物质进入海洋，超越一定海域的自净能力时，这个海域即会遭到污染。

【课程三】探秘自然界的生命起源

1. 参考：(1) 地壳中保存的属于古地质年代的动物或植物遗体、遗物或生物留下痕迹的石头，就称为化石。(2) 化石的形成：首先，生物体本身具有硬体，如无脊椎动物中的各种贝壳，脊椎动物的骨骼等，因为硬体主要是由矿物质组成，抵御各种破坏作用的能力较强；其次，生物死后迅速埋藏，处于还原环境下长期埋藏并发生石化作用。(3) 化石能够或多或少地反映出当时生物及其生存环境的状况，为人类了解生命的历史和地球上生态环境变迁的历史提供重要的线索。科学家通过对化石的研究了解古生物的生活环境、生活方式、进化的规律和机制。生物地层学、分子古生物学、古生物化学以及古仿生学等边缘学科的研究也都离不开对古生物化石的研究。此外，许多造型美观的化石既是自然遗产，又是天成的艺术品，具有观赏价值。

2. 参考：(1) 叠层石是由藻类（主要是蓝藻细菌）在生命活动过程中，将海水中的钙、镁、碳酸盐及其碎屑颗粒黏结、沉淀而形成的一种化石；(2) 蓝藻细菌能进行光合作用并且释放氧气，它的存在为地球孕育好氧生物的进化和发展奠定了基础。

3. 参考：恐龙出现于三叠纪，鼎盛于侏罗纪、白垩纪中期，英国剑桥大学的古生物学家马修·巴伦认为恐龙起源时间大约距今 2.47 亿年前。科学家研究表明整个侏罗纪时期，地球气候大多数时期处于温暖和潮湿，繁茂的森林植被为恐龙提供充足的食物来源，因此各种类型的恐龙得以繁殖衍生。

【课程四】 感受国学经典文化的魅力

1. 参考：(1) 海南文化的特质：多元、开发、重商、包容、创新、务实。(2) 海南文化在历史发展长河中，不仅对当地社会经济发展提供文化支持，而且对维护国家统一、领土完整，特别是南海权益和民族团结，以及对大陆文化辐射等作出了积极贡献。海南文化在当今海南大特区建设和推进“一带一路”建设中将继续发挥重要作用。

2. 参考：中国古代传统文化中的文书工具，即笔、墨、纸、砚。文房四宝之名，起源于南北朝时期。

3. 略。

陵水椰田古寨景区研学方案

【课程一】 原始的制陶技艺

1. B。　2. A。

3. 特点：泥条盘筑是原始黎族制陶技艺中比较成熟的成型工艺，集中体现了原始陶艺质朴、粗放、自然的形式美感。方法：在充分炼泥、揉泥的基础上把一块陶泥切分出若干小段用手指或手掌压搓成条，然后用单根泥条通过螺旋式的自上而下盘筑成型的方法，可以在盘筑的过程当中就盘出自己想要的形状。

【课程二】黎锦工艺鉴赏及学习

1. A、B、D、E。

2. 黎锦在古代被称为“吉贝布”，是黎族人采用木棉花蒴果内的棉毛织出的一种特色花布。远在春秋时期就盛名，也是中国最早的棉纺织品。黎锦包括筒裙、头巾、花带、包袋、床单、被子（古称“崖州被”）等，有纺、染、织、绣四大工艺，色彩一般是红、黑、黄、白几种，构成奇花异草、飞禽走兽和人物等丰富图案。黎锦精细、轻柔、洁白、耐用，“黎锦光辉艳若云”就是古人对黎族织锦工艺发出的由衷赞美。

3. 织绣在黎锦上图案共有150多种，具体的有：

（1）反映大自然的织锦花纹图案有：太阳纹、月亮纹、星辰纹、云纹、山水纹等。

（2）反映人形纹的织锦图案有：母子纹、大力神纹等。

（3）反映动物的织锦图案有：龙纹、熊纹、鸟纹、鱼纹等。

（4）反映植物的花纹图案有：花卉纹、竹叶纹、神树纹等。

（5）反映生活、生产用具的织锦花纹图案有：狩猎图、纺织图、牛耕图、婚礼图等。

（6）反映民间神话故事传说的纹样有：鹿回头图、甘工鸟图、大力神图、月宫嫦娥图等。

（7）反映汉文字的花纹图案有：福、禄、寿、喜等。

（8）还有直线纹、几何纹、菱形纹等。

【课程三】神奇的民族乐器

1. 参考：树叶吹奏基本的方法：（1）把树叶擦干净；（2）把树叶横着夹于口中，运用腹部气流，通过口腔吹动叶片，使树叶振动，发出响声；（3）在吹奏过程中，用左手的两个手指把树叶夹于嘴中含紧，轻轻一吹，可以奏出不同音调的乐曲。

2.（1）鼻箫是黎族人民在生活生产劳动中，利用本地山区自然生长的竹子材料，借鉴古老的其他民间吹管乐器的发音原理、音律来制作、创造、发明的一种乐器。传统的“鼻箫”只有一个鼻吹孔、一个按音孔，音色也非常特别，委婉轻悠，优美动听。

(2) 鼻箫的特点有：①用鼻孔吹奏；②音色柔和而纤细，优美而深沉；③鼻箫共有4个小孔，可以奏出7个音节。

3. 参考：共有8种，分别是：(1) 独木皮鼓，在刳空的独木两端包上牛皮制成的打击乐器；(2) 鼻箫，是黎族独有的气鸣乐器，箫管约60厘米长，共有4孔，可以奏出7个音节；(3) 叮咚，由2—5根并排的粗木杆和木架组成的打击乐器，木杆是发音体；(4) 灼吧，是哨口气鸣乐器，由两节管身和一节吹管组成，细长的吹管横插入略粗的竹管身中形成"7"字形；(5) 口弓，又称"口弦"，外形似织渔网的梭子，是用竹片或铜片制作成的弹拨吹奏乐器；(6) 口拜，是竹制唢呐状的吹管乐器。用六七节长短、粗细不同的竹管，由小到大、由细到粗依次套接而成；(7) 哔哒，又称"排箫"，由竹制双管并排绑扎成的吹管乐器，有8个按音孔，有两个吹气鼓簧片发音；(8) 哩咧，又称"口箫"，头尖尾大，外形和唢呐杆相似，由9节节节相套的竹管组成的吹普乐器，小管套接大管，每节有一个按音孔。

【课程四】探秘民族技艺

1. B。

2. 参考：黎族藤编技艺的工序分为采集原料、处理原料和编织器物三大步骤。具体工序如下：(1) 砍藤，首先要上山采集野生的山藤作为编织原料；(2) 劈条、煮条，首先要刨去藤刺，刨光外皮，然后对半劈开藤条，再剥去藤芯，接着，用水煮藤条皮以防生虫；(3) 晾晒，藤条皮煮过以后要马上晾干；(4) 编织，编织时，根据所编器物的要求，可把处理过的藤条进一步劈细，刮削平滑，然后编织成器。

3. 参考：银饰制作工艺流程主要有熔银、铸型、捶打、压模、錾刻、拉丝、编结、焊接、洗涤9道工序。

4. 参考：(1) 习俗养成。宏大的祭祀活动必须佩戴银饰显示参与者的高贵。(2) 寓意美好。白银，属于贵重金属，较早地成为货币，是财富的象征。苗族人佩戴银饰，讲究多、重、大，即表现自己和家庭的富裕。富裕即象征生活美好。(3) 原料使然。银相对于其他金属具有延展性好、易保存、保值功能高等特点。

【课程五】竹竿舞的魅力

1. B。

2. 在古代，竹竿舞是民间用以祭奠和丧葬时表演的舞蹈形式，表现了祖先崇拜和鬼魂崇拜。发展至今，通过文艺工作者的改编和创作，在保持打柴舞原始色彩的基础上发展成为舞姿优美明快、热情欢畅，具有鲜明民族气息的群众性舞蹈。

3. 黎族竹竿舞具有民族性、大众性、娱乐性、广场性、表演性、观赏性等特点。

【课程六】火种的来源

1. C。 2. D。

3. 参考：(1) 黎族先民用火驱赶、围歼野兽，既保护了自己又提高了狩猎生产能力。(2) 黎族先民运用“刀耕火种”的方式种植山兰稻。利用焚烧的方法将地面的草木烧为灰烬作为作物生长必需的肥料。经焚草为肥，促进农作物的生长。(3) 火的出现影响了人类的饮食。食物的烹饪手法得到完善与发展，黎族先民由吃生食转为吃熟食，提高了黎族先民的生活质量。(4) 黎族原始制陶技艺也是依靠火进行的，陶器的烧制必须用“钻木取火”的方式取火进行烧制。

南繁椰岛种种乐研学方案

【课程一】参观农业科普馆

1. C。 2. B。

3. 南繁，是我国作物育种的专有术语。主要是指利用海南岛冬季光温较好的气候条件，进行种子的加代、繁育、制种、科研、鉴定等工作，南繁育种在缩短育种周期、加快育种步伐、推进品种的更新换代和在种子纯度鉴定、保障种子质量安全等方面均作出了巨大的贡献。

【课程二】虫害的观测

1. 病虫害防控方法有树干涂白法、农药埋施法、树干注药法、树干涂胶法、树干疗伤法等。

2. 农作物病害的传播流行，主要通过种子和其他繁殖材料以及植物和植物产品的调运、农事操作、昆虫、牲畜、风、雨、流水以及害虫迁飞等途径传播。

3. 物理防治是利用各种物理因子/人工器械设备来防治有害生物的方法，防治见效快，效果好，不污染环境，可作为有害生物的预防和防治辅助措施。常见病虫害的物理防治方法如下：捕杀法、诱杀法、温度处理、微波辐射技术、汰选法、窒息法。

【课程三】城市微农业探秘

1. B。 2. C。

3. 蔬菜育苗是把蔬菜种子播在适合幼苗生长的苗床培育，苗床面积小，便于保温、抗旱、防渍、除草、施肥和防治病虫害等田间管理，有利于培养壮苗，节约人工成本，但当幼苗生长到一定阶段后，苗床的养分及生长空间已无法满足蔬菜生长，相反，会限制蔬菜幼苗继续生长，所以待到地里气温适宜菜苗生长，菜苗生长到一定程度后，蔬菜便需要进行移栽。

【课程四】小小科学家

1. B。

2. 土壤是在气候、母质、植被（生物）、地形、时间五大成土因素共同作用下形成的，各因素之间相互影响、相互制约，共同作用形成不同类型的土壤。

3. 土壤常规分析包括：pH，有机质，速效的氮、磷、钾，全量氮、磷、钾。

4. 土壤检测在现代农业生产中是一项很重要的工作，通过土壤检测我们可以知道土壤的墒情、养分含量、酸碱度、污染情况等土壤品质相关的数据。如土壤墒情是表示土壤水分含量的一个数据。通过土壤墒情检测，我们可以知道水分含量情况，也好根据检测数据实施科学灌溉，保障作物可以不因为水分情况而影响产量或品质。土壤中的养分是植物生长的必需品，养分过少或者过多都会影响作物生长，所以说合理的土壤养分含量对作物的生长还是非常重要的。土壤养分检测可以帮助我们指导施肥工作。

【课程五】水耕农业探秘

1. 因为无土栽培是指利用营养液直接向植物提供生长发育所必需的营养元素，其代替土壤和有机质向植物提供营养的栽培方式，它的特点是以人工创造的植物根系环境来取代土壤环境。这种根系环境可满足植物对其生长所需的矿质营养、水分和空气条件的需要。

2. 碳（C）、氧（O）、氢（H）、氮（N）、磷（P）、钾（K）、钙（Ca）、镁（Mg）、硫（S）、铁（Fe）、硼（B）、锰（Mn）、铜（Cu）、锌（Zn）、钼（Mo）、氯（Cl）。

3. 无土栽培是一种不用天然土壤而采用含有植物生长发育必需元素的其他东西培养植物的方法，使植物正常完成整个生命周期的栽培技术。目前的无土栽培方式主要有：水培、雾（气）培、基质栽培。无土栽培一般可种植蔬菜、花卉、水果、烟叶等农作物。

海南南繁科技产业园（广陵农业集团）研学方案

【课程一】科学家生平故事讲座

1. B。 2. A。

3. 它是我国农业科研的加速器、种子供给的常备库、农业科技实验区，位于北纬18°线以南的海南省三亚、陵水、乐东三市（县）境内。这里独特的热带气候，让农作物加代繁殖，使一个品种的育种周期缩短1/3—1/2。

【课程二】“水稻的一生”探秘

1. A、D。 2. A、D。

3. 秧前准备：带肥、带药、带生物菌肥；合理密植，保障田间基本苗数；插秧深浅要整齐一致，不能高高低低；插秧时，用手指划沟后观察是否慢慢恢复合拢的方式确定泥浆沉淀是否合乎标准。

【课程三】现代农业设施设备探秘

1. C。 2. C。 3. 略。

文昌航天科普中心（航天主题乐园）研学方案

【课程一】航天发射场探秘

1. 文昌卫星发射中心2014年建成启用。该发射场可以发射“长征五号”系列火箭与“长征七号”运载火箭，主要承担地球同步轨道卫星、大质量极轨卫星、大吨位空间站和深空探测卫星等航天器的发射任务。

2.（1）海南岛是中国陆地纬度最低、距离赤道最近的地区。火箭发射场距离赤道越近、纬度越低，发射卫星时就可以尽可能利用惯性产生的离心现象，因此所需要的能耗较低，使用同样燃料可以达到的速度也更快。据统计，在海南发射地球同步卫星比在西昌发射火箭的运载能力可提高10%—15%，卫星寿命可延长2年以上。（2）发射基地选在海南文昌，火箭可以通过水路运输，火箭的大小就不受铁轨的限制（“长征二号”系列由于受到铁路运输的限制，其组件的最大直径只能限制在3.5米）。(3) 从海南岛发射的火箭，其发射方向1000千米范围内是茫茫大海，因此坠落的残骸不易造成意外。

3. 发射塔架的结构设计与一般塔式结构相同。除考虑自重、风荷载、起重机反作用力和地震作用力外，还需考虑发动机喷出的高温高速燃气流对结构的热烧蚀影响和动力冲击。

【课程二】水火箭模拟卫星发射实验

1. 火箭是以热气流高速向后喷出，利用产生的反作用力向前运动的喷气推进装置。它自身携带燃烧剂与氧化剂，不依赖空气中的氧助燃，既可在大气中飞行，又可在外层空间飞行。火箭在飞行过程中随着火箭推进剂的消耗，其质量不断减小，是变质量飞行体。

2. A、B。

【课程三】参观航天文化主题馆

1. (1) 纬度因素：纬度低，线速度大，航天器的初始速度大，节省燃料，可以降低发射成本；(2) 气候因素：气候干燥，降水少，多晴朗天气的地区空气能见度高；(3) 地形因素：开阔平坦，相对周围地区地势较高，地质稳定坚实；(4) 交通因素：交通便利地区，便于仪器和设备的运输；(5) 安全因素：人口稀少，以保障安全。

2. 关系十分密切：(1) 利用我国发射的通信卫星，开展了通信、广播、电视转播、图片文字传真、报表传送、电视教育等业务，改变了边远地区通信难、收视难的状况，促进了我国电视教育事业的发展；(2) 利用我国返回式遥感卫星所获取的资料，进行了国土普查、地质调查、矿产勘探、地图测绘及森林草原调查等工作，取得了较好的经济效益；(3) 航天科技成果的移植转化，促进了传统工业技术的改造；(4) 航天技术的发展，促进了电子、机械、化工、冶金等工业技术的进步。

母瑞山革命根据地纪念园研学方案

【课程一】聆听母瑞山革命精神，传唱革命歌曲

1. B。

2. 王文明，冯白驹。

3. 畅所欲言。

【课程二】参观展览馆

1. “琼崖工农红军”，“赤卫队”。

2. 中国工农红军第二独立师三团女子军特务连。

3. 母瑞山革命根据地。

【课程三】重走红军路

言之有理即可。

【课程四】学会团队协作

畅所欲言。

中国（海南）南海博物馆研学方案

【课程一】蓝色南海——我的家

1. 中国曾开辟了连通亚欧非的陆上丝绸之路，闯荡出连接东西方的海上丝绸之路。如今，共建“一带一路”可以继续打开各国和地区友好交往的新窗口，书写了人类发展进步的新篇章。

2.（1）中国海洋国土是渤海全域和黄海、东海、南海的大部分及其可以管辖的专属经济区，共约 470 万平方千米，其中，南中国海九段线以内的所有海域面积约为 300 万平方千米。（2）南海自然海域面积约 350 万平方千米，九段线内海域为中国领海，中国领海总面积约 210 万平方千米。

3. 中国对南海诸岛拥有无可争辩的主权，早在 2000 年前的汉代，中国人民在长期的航海和生产实践中发现了南沙群岛。并在东汉杨孚《异物志》、三国时万震的《南国异物志》、东吴将领康泰的《扶南传》等书里有记载；唐宋年间，许多历史地理著作将西沙和南沙群岛相继命名为“九乳螺洲”“石塘”“长沙”“长里石塘”“千里长沙”“万里石塘”“成里长沙”等；宋元明清四代，以“石塘”“长沙”为名记述南海诸岛的书籍多达上百种。元代，对南海诸岛地理位置记载最为详细。世界上许多国家和地区、国际舆论和出版物均承认南沙群岛是中国领土。如英国海军部测绘局 1912 年编印的《中国航海志》，多处载明南海诸岛常有中国人民的足迹；1971 年，英驻新加坡高级专员说：斯普拉特利岛（即我国南威岛）是中国属地，为广东省的一部分……在战后归还中国。我们找不到它曾被任何其他国家占有的任何迹象，因此只能作结论说，它至今仍为中国所有。（载香港《远东经济评论》，1973 年 12 月 31 日，39 页）。

4. D。 5. D。

【课程二】海洋知识大课堂

1. C。

2. 生物圈、森林、湿地

3. 不是；珊瑚不是珊瑚虫，是珊瑚虫分泌的外壳堆积在一起慢慢形成的。

4. 红树植物的根系十分发达，盘根错节屹立于滩涂之中，形成了坚固的网状。红树林对海浪和潮汐的冲击有着很强的适应能力，可以护堤固滩、防风浪冲击、保护农田、降低盐害侵袭，对保护海岸起着重要的作用，为内陆的天然屏障。健康的珊瑚礁就好像自然的防波堤一般，约有 70%—90% 的海浪冲击力量在遭遇珊瑚礁时会被吸收或减弱，而珊瑚礁本身会有自我修补的力量，死掉的珊瑚会被海浪分解成细沙，这些细沙丰富了海滩，也取代已被海潮冲走的沙粒。

【课程三】感受中国古老造船技艺的魅力

1. B。

2. 最早开辟于西汉。“海上丝绸之路”的开辟促进了世界文明的发展，提升了中国的国际地位，增强了中国的民族自信心和自尊心。

海南槟榔谷黎苗文化旅游发展有限公司研学方案

【课程一】黎族非遗文化讲座及参观

1. 文化遗产是一个国家和民族历史文化成就的重要标志，非物质文化遗产是文化遗产中的重要组成部分，海南非物质文化遗产是海南传统文化的重要组成部分，承载着海南历史和海南人民的情感。通过文化遗产的保护和传承，能巩固民族文化之根、弘扬民族精神之魂。

2. A。 3. A。

【课程二】黎族纺织织绣技艺学习

1. 纺、织、染、绣。

2. B。 3. 略。

【课程三】黎族蜡染和扎染技艺学习

1. 蜡染、绞缬（扎染）、夹缬（镂空印花）。

2. 两者的原理相似，工艺上略有区别。用蜡附着在部分布匹上，然后将其放入染料中，没有被蜡附着的面料就染上了染料的颜色，被蜡附着的面料就没有，仍然保持原来面料的颜色，在蜡附着的边缘，由于蜡的渗透，被染的颜色也形成了渗透的样子，并且颜色有从无到有的过渡效果。扎染与蜡染的染料是一样的，但扎染的方法更加生动，面料不是靠蜡来附着，而是依靠绳子来捆扎一部分面料，被扎住的部分不放到染料中，其他部分就形成了与染料一致的颜色，捆扎部分也由于液体的浸透形成了颜色的过度。

【课程四】黎族原始制陶技艺学习

1. A。 2. 略。

【课程五】黎族船形屋搭建技艺学习

1. A。

2. 东方市江边乡白查村。

3. 船形屋是黎族最古老的民居，有高架船形屋与低架（落地式）船形屋之分，其外形像船篷，拱形状，用红、白藤扎架，拱形的“人”字屋顶上盖以厚厚的芭草或葵叶，几乎一直延伸到地面上，从远处看，犹如一艘倒扣的船。其圆拱造型有利于抵抗台风的侵袭，架空的结构有防湿、防瘴、防雨的作用，茅草屋面也有较好的防潮、隔热功能。而且能就地取材，拆建也很方便。

【课程六】小小音乐家

1. 金、石、土、革、丝、木、匏、竹。

2. 叮咚、独木鼓、鼻箫、灼吧、口弓、口拜、哔哒、哩咧。

3. 略。

【课程七】皮划艇竞赛

1. B。 2. D。

海南铁路博物馆研学方案

【课程一】铁路沧桑史

1. D。 2. B。

3. 八所港是全省著名的深水港，便于铁矿石的运输，同时八所离石碌铁矿厂近，铁路修建造价低，便于运输铁矿石。

4. 日本是一个岛国，矿产资源匮乏，海南石碌铁矿厂是我国冶金部大型露天矿之一，铁矿品位高，是中国最大的富铁矿，产量大。

【课程二】火车知识探秘

1. 外形上来看，区别内燃机车与电力机车的直观方法很明显，内燃机车的顶部有排放废气的烟囱；电力机车的顶部为了汲取电力，设有受电弓。电力机车的外部有明显的电气组织；内燃机车的外部为了散热，设有百叶窗。内燃机车是靠烧燃油来作为动力的；电力机车是靠汲取电力来作为动力的。

2. 在原先运行的轨道上，道岔通过对轮缘的作用力而改变行驶的方向。

海南鹦哥岭国家级自然保护区（鹦哥嘴分站）研学方案

【课程一】认识热带雨林

1. 热带雨林为全球提供新鲜的空气；涵养水源；保护土壤，防止水土流失；调节全球气候；提供良好的生物生活环境，维护生物多样性；提供木材、植物果实以及其他副产品等。

2. A。

【课程二】雨林动植物的初探

1. 在热带雨林中，土壤中的水分经常处于近饱和状态，植物不需要向下扎根太深就可得到足够的养分。此外，高密度的植物使得植物需要尽力向高处生长，以争夺阳光。这样就造成植物“头重脚轻”，而为了解决“头重脚轻站不稳”的难题，雨林中高大的乔木植物在进化过程中使树干的基部如翅膀状向四周延伸，形成板状的根即板根。

2. 木棉树属于落叶大乔木，高可达25米，树皮灰白色，幼树的树干通常有圆锥状的粗刺；分枝平展。花单生枝顶叶腋，通常红色，有时橙红色，直径约10厘米；萼杯状，长2—3厘米，外面无毛，内面密被淡黄色短绢毛。

【课程三】雨林植物调查

1. 手表辨方向：把手表平放，将当时时针指向的时间的数字除以2，得到一个数字，并将这个数字对准太阳的方向，这时手表的12点方向就是北方了。如18点，即9点方向对准太阳方向（西方），12点方向就是北方了。

2. 由于我们国家在北半球，所以太阳相对来说偏南一点。看身边的树木，树冠茂密（接受阳光多）的一边是南方，相对来说比较稀疏的就是北边。

3. 由于我们国家的地理位置是北半球，所以在中午的时侯，竿的影子是最短的，并且指向的是正北方；上午影子指向偏西北方向，下午影子指向偏东北方向。

中国热带农业科学院热带作物品种资源研究所（儋州）研学方案

【课程一】探究性课程

1. 有毒植物，即植物中含有能破坏人体器官功能和代谢机能的有害物质，这些物质往往具有以下特性：有刺激性，无论是对皮肤还是对嗅觉，还有味道口感奇怪，颜色显眼等。

2.（1）察看。有毒植物大多形状怪，颜色鲜艳或奇特，或者有色斑色纹等；（2）嗅闻：有毒植物大多气味奇特刺鼻，嗅闻感到或辛辣或闷臭，闻后往往有头晕、恶心或呛人等感觉；（3）涂抹：稍稍挤榨一点汁液滴涂在体表的敏感部位，如肘部与腋下，如果感觉有所不适，起疹或者肿胀等大多为有毒植物。

3. 旅人蕉、吐鲁香、槟榔、益智仁、砂仁、巴戟天。

4. 柚木、花梨木、椰子、咖啡、可可等。

5. 根据实际情况言之有理即可。

6. 水是生命之源，人类在生活和生产活动中都离不开水，生活饮用水水质的优劣与人类健康密切相关。

【课程二】劳动体验课程

1. 翻地、育种、播种、浇水、施肥、喷药、除草、管理、收割等；受气候（降水和气温）、农作物品种、耕作习惯、市场需求等影响。

2. 言之有理即可。

坡心互联网农业小镇研学方案

【课程一】走进“互联网 + 农业”

1. A、B、C、D。

2.“互联网 + 农业”是指将互联网技术与农业生产、加工、销售等产业环节结合，实现农业发展科技化、智能化、信息化的农业发展方式。这样的发展方式能够让互联网重塑农产品流通模式，推动农产品电子商务的新发展。

3. 互联网农业小镇和共享农庄，是从根本上解决贫困户持续稳定脱贫致富的有效途径。贫困户可以通过土地经营权的流转、民房等闲置资源的盘活利用、土地使用权益入股等方式，获得稳定的财产性收入；可以通过管护农庄、代耕代种等方式在农庄务工，获取工资性收入；可以通过将农产品作为旅游商品销售，获得经营性收入。

【课程二】了解循环生态农业，感受农耕文化

猪哈哈农场的猪粪—沉淀池进行无臭发酵处理—将发酵后的猪粪直接作为有机肥还田种植果蔬—果蔬成为猪的饲料。这种生态循环模式，实现了废弃物的综合利用，减少了环境污染，实现了经济、生态和社会效益。

【课程三】磨豆、陶艺技艺学习

1.（1）原料处理与浸泡；（2）磨浆与滤浆；（3）煮浆；（4）点卤；（5）压制成型。

2. C。　3. C。

【课程四】闻香味，辨香草

1. 芳香植物含有芳香性挥发油、抗氧化剂、杀菌素，不仅可驱蚊蝇、美化环境、净化空气、美化居室，还广泛用于美容、沐浴、饮食及医疗。

2. B。

【课程五】精油手工皂 DIY

1. 香皂从形态上分为固体皂和液体皂；从外观上分为透明皂与不透明皂；从功效上分为普通香皂和药皂等；从用途上分为洗衣皂、洗脸皂等。

2. 精油香皂是在普通香皂基础上添加精油等特殊物质，具有一定功效性，温和不刺激，使用范围广。

【课程六】我是快乐的小果农

1. 梦幻香山气候适宜，坡地排水较好，有泉水灌溉，土壤富锌，呈碱性，采用成熟的水肥一体化技术，果子品质好，广受市场欢迎。

2. 这项技术的优点是灌溉施肥的肥效快，养分利用率提高，大大降低了蔬菜和果园中因过量施肥而造成的水体污染问题，既节约肥料又有利于环境保护。

【课程七】植物拓印

1. B。 2. 略。

【课程八】协作能力拓展

略。

海口观澜湖旅游度假区研学方案

【课程一】古迹生态径探秘

1. 玄武岩是典型的喷出岩，岩浆在地球的内部温度高，压强大，一些气体物质被"压入"岩浆中。当岩浆喷出地表以后，压强减小，岩浆中的气体物质就要从岩浆中出来，而此时地表温度低，岩浆一边冷却凝固，一边释放气体，当气体不断地喷出，岩石中就留下一个一个的小气孔。古村落用玄武岩砌墙，是就近取材；海南地处热带属季风气候，温度高且降水较多，玄武岩多孔结构有利于热量的扩散，降水后水会积于缝隙中，蒸发吸热从而使得室内温度降低，感觉凉爽；坡面状屋顶有利于屋顶积水快速流走。

2. 羊山地区属火山地貌区，无浅层地下水，在深层钻井条件不具备的条件下，村民需要到很远的地方去取水，既辛苦又费时；因此家家户户房屋前都会放置水缸用于雨天储水，水缸就是当地最重要的生活器具，同时也成为显示富庶程度的摆设。现在通了自来水，石缸则多用于装饰。

3. 从人文景观的形态和植物的形态方面进行比较。

【课程二】低碳环保知识

1.（1）节约用水，随时关上水龙头；（2）节约用电，人走时及时关闭电源；（3）珍惜纸张，提出使用再生纸，双面用纸；（4）选择公共交通，少开私家车上班；（5）节约每一粒粮食，以节粮为时尚；（6）拒食野生保护动物；（7）不制造噪声污染，维护安宁环境；（8）拒绝过度包装，少用一次性制品，节约地球资源；（9）生活垃圾分类，节省可再生资源；（10）倡导绿色消费，选购绿色产品……

2. A、B、C、D。 3. A、B、C、D。

4.（1）该地的太阳高角度最小是在冬至日，先算出此时的太阳高度角，只要保证冬至日时太阳板与屋顶面的夹角与太阳高度角相加等90°，就可使冬至日时的太阳入射光线与太阳板面达到最大，使太阳能板最大限度地利用太阳能。（2）冬至日太阳高角 =90 -（20°34′+23°26′）=46°，太阳板与屋顶面的夹角 =90°-46° =44°。

【课程三】书法绘画等体验活动

1. B。 2. D。

【课程四】穿越电影公社，感受仿古建筑的魅力

1. 中国的四大国粹是指中国武术、中国医学、中国京剧和中国书法。

2.（1）世界上最大的宫殿——故宫；（2）世界屋脊的明珠——布达拉宫；（3）清朝皇家园林——颐和园；（4）道教宫殿式建筑——永乐宫；（5）中国第一座皇家陵园——秦始皇陵；（6）唐陵中的杰作——乾陵；（7）天下第一桥——赵州桥；（8）天下绝景——黄鹤楼；（9）江南名楼——岳阳楼；（10）中国第一塔——嵩岳寺塔。

【课程五】兴趣体育项目

1. 高尔夫球起源于苏格兰。古时的一位苏格兰牧人在放牧时，偶然用一根棍子将一颗圆石击入野兔子洞中，从中得到启发，发明了后来称为高尔夫球的运动。

2. 别人打球，噤声勿动；落后一洞，礼让后组；练习挥杆，勿伤草皮；填平沙坑，人人有责；打球过慢，人人讨厌；注意穿着，保护果岭。

3. 足球其实分为“古代足球”和“现代足球”，“古代足球”起源于中国，就是我们中国人熟知的蹴鞠。而“现代足球”则起源于英国。

4. A。

海南热带飞禽世界研学方案

【课程一】鸟类知识的学习

1. 我国的鸟类分为游禽、涉禽、攀禽、陆禽、猛禽、鸣禽六大类。

2. 鸟类按照食性可以分为食谷鸟类、食虫鸟类、杂食鸟类和食肉鸟类四个类群。

3. 鸟类因迁徙习性的不同，可分为留鸟、夏候鸟、冬候鸟、旅鸟、迷鸟等类型。

【课程二】观鸟识鸟

1. B。

2.（1）家鹅不会飞，冬天来临时天鹅需要结群南迁越冬；（2）中国食用家鹅，喙呈红色，有瘤状突起；天鹅喙前端呈黑色，无瘤状突起；（3）家鹅的爪呈红色，天鹅爪呈黑色。

【课程三】鸟与人类关系

1. B。　2. B。

3.（1）鸟类为人类提供肉、蛋及其他物质产品；（2）帮助人类控制农业、林业及草原里的害虫及害鼠；（3）充当人类的帮手，帮人类获得生活物资；（4）鸟语同音乐一样作为一种信息，能调节人的神经系统，使人的紧张情绪松弛，从而使人产生轻松感，有些鸟语还有防病健身作用。

海南文笔峰盘古文化旅游区研学方案

【课程一】感受孝文化

1. 孝文化是社会主义精神文明建设的一个重要内容，孝文化要把社会教育和家庭教育结合起来，形成一种“孝亲养老”“尊老敬老”“以礼待人”“与人为善”的良好社会氛围和社会舆论。

2. 仲由，字子路、季路，春秋时期鲁国人，孔子的得意弟子，性格直率勇敢，十分孝顺。早年家中贫穷，自己常常采野菜做饭食，却从百里之外负米回家侍奉双亲。父母死后，他做了大官，奉命到楚国去，随从的车马有百乘之众，所积的粮食有万钟之多。坐在垒叠的锦褥上，吃着丰盛的筵席，他常常怀念双亲，慨叹说："即使我想吃野菜，为父母亲去负米，哪里能够再如愿呢？"孔子赞扬说："你侍奉父母，可以说是生时尽力，死后思念哪！"（《孔子家语·致思》）。

【课程二】感悟道教文化

1. 道教的出现应该在春秋末年，老子被尊称为道教始祖。老子主要的主张是"人间由己不由他""天道和谐，天人合一""无为成大为"，他的著作《道德真经》被尊为道教的经典著作。道教从唐朝开始被尊为中国的国教，宋朝开始发展，宋、元、明时期为昌盛时期。

五行（木金水火土）观念、中国人的属相和农（阴）历节日春节、元宵、端午、清明、七夕、中秋、重阳、冬至等均为道教文化。

道教认为人的今生是可以改变的，是可以通过身边的事物来改变今生的，比如靠风水、靠运程、靠读书（为明白道理）等等。这就是道教的一命二运三风水四功德五读书的观点。

2. 五行：东为木、西为金、南为水、北为火、中为土。

十二生肖：鼠、牛、虎、兔、龙、蛇、马、羊、猴、鸡、狗、猪。

3. B。

【课程三】香文化的体验

1. A。

2. 海南沉香树属瑞香科白木香树种，又被称为"风树"，属于常绿乔木，国家二级保护植物，树种非常珍稀。

沉香木的辨识：（1）观察沉香的色泽，好的沉香应该色深、光泽度高；（2）沉香是通过"毛孔"分泌油脂的，所以油脂线越细腻密致的越好，这样的沉香质地也比较结实；（3）沉香的香味有自然、醇厚、淡雅的味道，久闻不腻；（4）真沉香触摸起来光滑油润，可以感觉出细腻的油层，而假沉香则触摸起来比较粗糙，甚至会有一种触摸泥垢的阻碍感。

3. 略。

博鳌亚洲论坛永久会址研学方案

【课程一】参观博鳌亚洲论坛永久会址

1. 论坛成立背景、优越的地理位置、优美的地理环境、政策支持等。

2. 立足亚洲、面向世界，凝聚亚洲共识，促进亚洲合作，传播亚洲声音。

（1）立足亚洲，深化亚洲各国和地区间的经济交流、协调与合作；同时又面向世界，增强亚洲与世界其他地区的对话与经济联系；（2）为政府、企业及专家学者等提供一个共商经济与社会等诸多方面问题的高层对话平台；（3）作为对该地区政府间合作组织的有益补充，博鳌亚洲论坛将为建设一个更加繁荣、稳定、和谐相处且与世界其他地区和平共处的新亚洲作出重要贡献。

【课程二】学习外交礼仪、商务礼仪、国宴礼仪

1. B。 2. D。

【课程三】探究性课程

1. 以一天为周期而转换风向的风系称为海陆风。具体见图

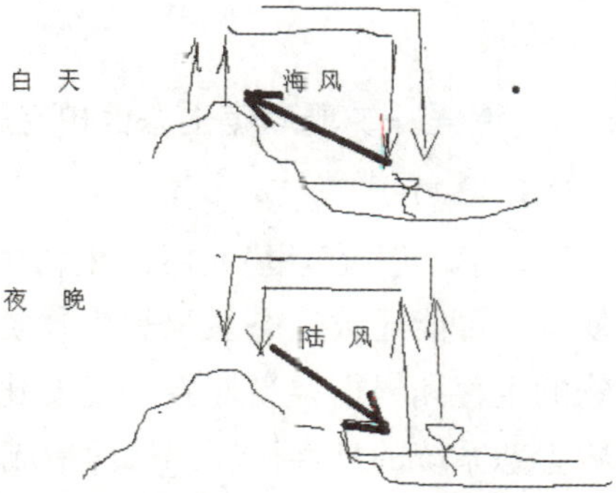

海 陆 风 的 形 成 图

海陆风形成的原因：白天，陆地增温比海洋快，陆地的气温比海上的气温高，陆地气流受热膨胀上升，海洋上空气流下沉，使海洋低空气压高于陆地，形成指向陆地的水平气压梯度力，气流由海洋吹向陆地，形成海风；而夜晚，陆地降温快，地面冷却，而海洋降温慢，海面气温高于陆地，海洋上空气膨胀上升，而陆地上空气受冷下沉，使近地面气压高于海面气压，形成指向海洋的水平气压梯度力，气流由陆地吹向海洋，形成陆风。

2. 玉带滩底下有着坚硬的岩石基底；另外玉带滩西侧是万泉河、龙滚河、九曲江三条河的入海口，河流下游水流变慢，随河水携带来的细沙受坚硬的岩石基底的阻挡就此堆积下来；而玉带滩的东侧是烟波浩渺的南海，携带海砂及贝壳碎片的海水波浪遇到坚硬的岩石基底的阻挡也就此堆积下来，久而

久之便形成了分隔海、河最狭窄的沙滩半岛。这片沙滩的形状不断发生变化，从远处看去，它就像一条美丽的飘带在大海中漂荡，因此得名玉带滩。

红色娘子军纪念馆研学方案

【课程二】探寻娘子军革命之旅

1. A。

2. 为反抗封建压迫和争取男女平等，在共产党组织领导下，勇敢地拿起了枪。

3. 红色娘子军在中共琼崖特委领导下，出色地完成了保卫领导机关，宣传发动群众等多项任务，并配合主力部队作战，在伏击沙帽岭、火攻文市炮楼、拔除阳江据点及马鞍岭阻击战斗中，不怕牺牲，英勇杀敌，为琼崖革命立下了不朽功勋。

三亚亚龙湾海底世界研学方案

【课程一】珊瑚礁生态保护专题教育

1. A、B、C、D。

2. 海洋生态环境是海洋生物生存和发展的基本条件，生态环境的任何改变都有可能导致生态系统和生物资源的变化。生物依赖于环境，环境影响生物的生存和繁衍，当外界环境变化量超过生物群落的忍受限度，就会直接影响生态系统的良性循环，从而造成生态系统的破坏。海洋生物多样性的减少，是人类生存条件和生存环境恶化的信号之一，如果海洋生态环境遭受破坏，势必导致海洋生物多样性的减少，最终直接危及当代人的利益，甚至对后代人的发展带来积累性危害。因此，只有加强海洋生态环境的保护，才能真正实现海洋资源的可持续开发利用。

【课程二】半潜艇探秘海底世界

1. 珊瑚虫是海洋中的一种腔肠动物，在其生长过程中能吸收海水中的钙和二氧化碳，然后分泌出石灰石，变为自己生存的外壳。每一个单体的珊瑚虫只有米粒那样大小，一群群地聚居在一起，一代代地新陈代谢，同时不断分泌出石灰石，黏合在一起，并经过长年累月的压实、石化，最终形成岛屿和礁石，即所谓的珊瑚礁。

2. 我国拥有470万平方千米的海域，跨越了温带、亚热带、热带三个气候带，大陆架宽阔，其中水深200米的大陆架148万平方千米，水体营养。海洋生物种类繁多，数量庞大，海洋生物种类约占全世界海洋生物总种数的10%，数量占50%。

【课程三】寰岛蛟龙科技观光之旅

1. 深海生物对抗高压的方法就是减小自身的压缩性，从而把压强的作用减到最小。

2. 创下7062米的惊人深度。

3. 地球上有71%—72%的面积被海洋所覆盖，深度超过1000米的海洋面积就占了整个海洋面积的90%，而这些地区却有着极其丰富的资源。深海探测可以为人类探明深海中贮藏的资源种类及数量，同时深海探测技术也是一个国家是否强盛的重要标志。

【课程四】海上帆船运动

1.（1）把指南针平放、周围不要有磁场干扰；（2）待指针摆动停止后，看指针所指方向对应的汉字或字母即可；（3）北（N）、南（S）、东（E）、西（W）。

2. A。

【课程五】海上安全知识教育

1.（1）不要慌张，发现周围有人时立即呼救；（2）放松全身，让身体漂浮在水面上，将头部浮出水面，用脚踢水，防止体力丧失，等待救援；（3）如果身体下沉时，可将手掌向下压；（4）如果在水中突然抽筋，又无法靠岸时，立即求救。如周围无人，可深吸一口气潜入水中，伸直抽筋的那条腿，用手将脚趾向上扳，以解除抽筋。

2.（1）不能在空腹饥饿状态下去游泳；（2）尽量戴上泳镜，以保护眼睛；（3）下水前进行热身；（4）注意游泳地点是否安全；（5）根据自身水平选择好水深，并在游泳的时候注意周边的人。

三亚航空旅游职业学院研学方案

【课程一】 **揭秘海洋**

1. D。 2. 建设一支强大的人民海军，可以保卫万里海疆等。 3. 略。

【课程二】 **探秘飞机**

1. 蒙哥尔菲兄弟；莱特兄弟。 2. 冯如。

【课程三】 **魅力空乘**

1. 空乘礼仪规范的手势应当是手掌自然伸直，掌心向内向上，手指并拢，拇指自然稍稍分开，手腕伸直，使手与小臂成一直线，肘关节自然弯曲，大小臂的弯曲以130°或140°为宜。掌心斜向上方，手掌与地面形成45°。

2. 递送物品：双手递物于人最佳，不方便双手并用时，也要采用右手，以左手递物被视为失礼之举。递给他人的物品，以直接交到对方手中为好。

接取物品：应当目视对方，而不要只顾注视物品。一定要用双手或右手，绝不能单用左手。

【课程四】 **安全乘机**

1. 当你准备乘坐飞机出行时，登机前切莫吃得过饱，那样会带来不适之感，出现恶心或呕吐等症状。乘机前，不宜吃含纤维素较多和易产生气体的食物，如汽水、薯类、豆类、生菜、黄瓜、胡萝卜及花生等，也不要吃高脂肪、高蛋白食物。最好选择一些热量高、易消化的食品，如白面包、蛋糕、面条、酸牛奶、瘦肉、水果糖、巧克力以及水果等。

2. 身体向前倾，头贴在双膝上，双手紧抱双腿，两脚平放用力蹬地，系紧安全带。

3. 略。

【课程五】 **仿真航海体验**

1. 郑和。

2. 远洋船、近洋船、沿海船、内河船。

3. 我会招募有远航经验的船员，建造能够远航的船只，准备足够的水和食物，准备远航的计划与地图，还要准备好商品（其他合理答案皆可）。

【课程六】水上逃生

1. 救生衣、救生筏、救生电台以及海上防身武器和防鲨剂。

2. 头后仰，口向上，尽量使口鼻露出水面进行呼吸，不能将手上举或挣扎，以免身体下沉。

梅沙教育——三亚户外学校研学方案

【课程一】溺水自救、急救方法

1. 胸外按压与人工呼吸的比例为 30∶2，胸外按压的频率为 100—120 次/分钟。

2. 清除口鼻内的异物，帮助倒水。将溺水者救上来以后，马上清理其口鼻内的杂物，将其舌头拉出，以免舌头堵住喉管，解开衣领，保持其呼吸通畅。然后抱起溺水者的腰部，使其背部朝上、头朝下进行控水，注意千万不要学影视剧上的直接按压腹部。

3. 略。

【课程二】挑战冲浪

1. 冲浪板的主要构造：板头、板尾、正面、背面、尾鳍、脚绳。

2. 继续向前划（尽可能避开起乘的人），也让起乘的人主动避开你；丢板；离浪头最近的。

【课程三】野外生存训练

1.（1）指南针辨方向：当指南针的磁针静止后，其 N 端（通常都有标志）所指的方向即为北方；（2）手表辨方向：手表测向“时数折半对太阳，12 指的是北方”，一般在上午 9 时至下午 4 时可以很快地辨别出方向，用时间的一半所指的方向对向太阳，12 时刻度就是北方，如下午 2:40 的时间，其一半为 7:20，把时针对向太阳，那么 12 指的就是北方；（3）星星辨方向：通常要根据北斗七星（即大熊星座）或 w 星（即仙后星座）确定。北斗七星是七颗比较亮的星，形状像一把勺子，将勺头甲乙两星连一直线向勺口方向延长，约为甲乙两星间隔的 5 倍处，有一颗略暗的星，即北极星。北极星位于正北天空；利用启明星：古称“太白”或“太白金星”。凌晨，人们可以在东方天空看到明亮的金星，称“启明星”，黄昏，金星出现在西方天空，光辉明亮；（4）“太阳”辨方向：太阳从东方出，西方落，这是最基本的辨识方向的方法；（5）“木棒成影法”辨方向：在太阳足以成影的时候，在平地上竖一根直棍（1 米以上），在木棍影子的顶端放一块石头（或作其他标记），木棍的影子会随着太阳的移动而移动。30—60 分钟后，再次在木棍的影子顶端放另一块石头。然后在两个石头之间画一条直线，在这条线的中间画一条与之垂直相交的直线。然后左脚踩在第一标记点上，右脚踩在第二标记点上。这时站立者的正面即是正北方，背面为正南方，右手是东方，左手为西方。

2. 露营地选择的四大基本原则：水源补给、营地平整、背风背阴、远离危险。在选择营地时应选择附近有溪流、水潭、河流、涌泉等有水源补给的地方扎营。

【课程四】探索自然

1.（1）榕树的适应性强，喜疏松肥沃的酸性土，在瘠薄的沙质土中也能生长，在碱土中叶片黄化；（2）不耐旱，较耐水湿，短时间水涝不会烂根；（3）在干燥的气候条件下生长不良，在潮湿的空气中能发生大气生根，提高观赏价值；（4）喜阳光充足、温暖湿润气候，不耐寒，对土壤要求不严，在微酸和微碱性土中均能生长。

2. 琥珀大多数由松科植物的树脂石化形成，故又被称为“松脂化石”，是松柏科、云实科、南洋杉科等植物的树脂滴落，掩埋在地下千万年，在压力和热力的作用下石化形成，有的内部包有蜜蜂等小昆虫，奇丽异常。

海南尖峰岭国家森林公园研学方案

【课程一】认识热带雨林

1. 热带雨林为全球提供新鲜的空气；涵养水源；保护土壤，防止水土流失；调节全球气候；提供良好的生物生活环境，保护生物多样性；提供木材、植物果实以及其他副产品等。

2. 在热带雨林中，土壤中的水分经常处于近饱和状态，植物不需要向下扎根太深就可得到足够的养分。此外，高密度的植物使得植物需要尽力向高处生长，以争夺阳光。这样就造成植物“头重脚轻”，而为了解决“头重脚轻站不稳”的难题，雨林中高大的乔木植物在进化过程中树干的基部便如翅膀状向四周延伸，形成板状的根即板根。

3. 热带雨林中特有的绞杀现象，反映了雨林中竞争的激烈程度。据悉，这些榕树的果子被鸟取食后，种子不消化，随粪便排泄在其他乔木上，在适宜的条件下便发芽，长出许多气根来。长出的气根沿着寄主树干爬到地面，插入土壤中，拼命抢夺寄主植物的养分、水分。

【课程二】植被垂直地带性探秘

1. B。

2. 两地的气温差为31℃－25℃＝6℃；按海拔每升高100米，气温下降0.6℃算，两地的相对高差＝(6×100)÷0.6＝1000（米），因此山顶的海拔为100＋1000＝1100（米）。

3. 热带雨林地区山麓地区的植被高大茂密，而山顶上的植被则矮小稀疏，主要原因是海拔高度的差异导致山麓和山顶的热量和水分存在较大差异，最终导致植被景观的差异。

【课程三】天池温度探秘

1. 对流层中大气的热量主要来源于地面的长波辐射，正午时太阳高度角达到最大，地面获得的热量也达到最大，但地面将热量输送给大气需要时间。因此气温最热不是正午而是午后2点左右。

2. 云和雾均是水汽的凝结物，云是由飘浮在空中的无数小水滴、小冰晶或者由两者混合组成的可见聚合体；雾是悬浮在近地面，并且使能见度降低到1千米以下。

海南昌江县青少年活动中心综合实践基地研学方案

【课程一】农业探秘及科技体验

1. 如椰子、芒果、波罗蜜、菠萝、荔枝。

（1）椰子为热带喜光作物，在高温、多雨、阳光充足和海风吹拂的条件下生长发育良好。椰子适宜在低海拔（150—200米）以下地区生长。此外，最适合椰子生长的土壤是海洋冲积土和河岸冲积土；其次是沙壤土；再次是砾土；黏土最差。

（2）芒果性喜温暖，不耐寒霜，世界芒果生产区年平均气温在20℃以上，最低月平均气温要大于15℃。

（3）波罗蜜是世界著名的热带水果，喜高温高湿，生长适温 22—23℃，适宜种植在多雨的热带地区。虽然对土质要求不高，但土质肥沃，则生长迅速。排水需良好，日照宜充足。

（4）菠萝原产南美洲热带高温干旱地区，性喜温暖，15—40℃范围均能生长，但最适宜生长的年平均气温为 24—27℃，年平均气温 15℃以下生长缓慢，10℃以下基本停止生长。

（5）荔枝喜光，要求长日照。最适的生长温度为 23—26℃，日平均气温达 17℃以上新叶开始伸展，10℃以下基本停止生长。

2. 影响作物生长的因素有植物的遗传特性、栽培环境（光、温、土、水、肥）、栽培措施和管理技术。

3. 基本的原料有：面粉、色拉油（一般植物油就可以，也可以选用黄油）、白糖、小苏打，还可添加一些辅料，如葡萄干、核桃仁等。

【课程二】探访老工业区

1.（1）日本侵占时期（1939—1945 年）的大规模盗采；解放前（1945—1950 年）由于国民党腐败无能和两次台风袭击，一直没恢复生产。（2）解放后矿山的恢复、扩建与发展期（1950—1983 年）。（3）稳步发展，扭亏为盈（1986—2003 年）。（4）飞速发展，改制重组。

2. 主要可分为 4 大类：磁铁矿、赤铁矿、褐铁矿和菱铁矿。

3. 选矿作业包括矿石破碎和筛分、磨矿和分级。其目的主要是使有用矿物与脉石矿物相互分开，为分选作业做准备。分选又分为浮选法、重选法或磁选法等。

4. 如果停产，应该尽快恢复植被，可以利用石碌铁矿的知名度，并对开采的基坑及废弃的设备进行修复建设，开发工业旅游。

【课程三】核电站探秘

1. 核能发电是利用核反应堆中核裂变所释放出的热能进行发电，它是实现低碳发电的一种重要方式。

2.（1）核电在减少温室气体这一方面具有无可比拟的优势。核裂变能量是在核反应堆内用中子轰击重原子核时释放的产物，主要是中等元素的原子核以及中子，不产生任何温室气体和粉尘。（2）核能发电不会产生加重地球温室效应的二氧化碳。核聚变能源的和平利用现在还没有真正实现，但是从聚变反应的机理看来，反应只生成惰性气体氦和中子射线，比裂变反应更加清洁。无论是核聚变还是核裂变，生成物都没有二氧化碳，也没有其他会导致温室效应的气体。(3) 尽管正在运营的核电站也存在放射性废物污染的问题，但是由于核能发电效率高，而且更为集中，便于统一处理，所以造成的污染要比传统能源低很多。

因此相比常规能源来说，核能是一种清洁的能源。

【课程四】探究海岸景观

1. 从海岸的物质组成划分，可以将海岸分为基岩海岸、砂砾质海岸和生物海岸等。基岩海岸是由岩石组成的海岸，包括海蚀洞、海蚀拱桥、海蚀崖、海蚀平台和海蚀柱。基岩海岸的主要特征是岸线曲折、湾岬相间、岸坡陡峭、滩沙狭窄。

2. 花岗岩岩石比较硬，受地壳内部应力作用时，呈现脆性变形，节理发育，碎裂的岩石多棱角，但由于尖棱状的岩石在地表接受风化时，棱角部位与大气接触面大，易受风化，当棱角逐渐风化掉后，岩石最终趋向球形。

3. 不是。海陆风是由于海陆热力差异而形成的风向以一天为周期（白天吹海风，晚上吹陆风）而转向的风。由于这种热力差异形成的气压梯度比较小，只有当大范围水平气压场比较弱时才能显现出来。

4. 海水由于弱酸性阴离子的水解作用而呈弱碱性。海水 pH 变化不大，一般在 8.0—8.5。

5. 存在一定的破坏性，原来海岸边漂亮的棋子（鹅卵石）已不存在；大规模的基建导致沙滩出现泥质化……应加强宣传教育，提高公众对棋子湾海岸线的保护意识；加强棋子湾海岸线的综合管理；先规划后开发，开发与保护并举，维护原有生态环境……

【课程五】热带雨林景观探秘

1. 热带雨林能为全球提供新鲜的空气；涵养水源；保护土壤，防止水土流失；调节全球气候；提供良好的生物生活环境，维护生物多样性；提供木材、植物果实以及其他副产品等。

2. 空中花园也称“树冠花园”。由于热带雨林植物种类繁多，生长茂盛，植物间的生存空间有限，因而许多附生、攀缘植物在树干上生存，形成了热带雨林中独特的空中花园景象。

三亚水稻国家公园研学方案

【课程一】水稻的故事

1. 三亚作为南繁育种基地具有如下优势：(1) 温光资源丰富。三亚属于热带海洋性气候，雨热同期，且热量充足，能提高育种繁殖的效率；(2) 劳动力充足；(3) 交通便利，配套的基础设施齐全，有利于吸引人才。

2. 杂交水稻指选用两个在遗传上有一定差异，同时它们的优良性状又能互补的水稻品种，进行杂交，生产出具有杂种优势的一代杂交种。袁隆平的杂交水稻有效地提高了水稻产量，2000 年，超级杂交水稻亩产 700 千克目标实现；2004 年，800 千克目标实现；2011 年百亩试验田平均亩产 926.6 千克（Y 两优 2 号），达到亩产 900 千克的目标；2014 年湖南省溆浦县“Y 两优 900”百亩连片平均亩产 1026.7 千克，达到亩产 1000 千克的目标；2018 年，袁隆平科研团队用超级杂交稻组合“湘两优 900（超优千号）”在云南省个旧市创造了亩产 1152.3 千克的超高产世界纪录。目前中国杂交水稻已在世界上 30 多个国家和地区进行研究和推广，种植面积达到 150 万公顷，袁隆平的杂交水稻不仅解决了中国人的吃饭问题，对世界减少饥饿也作出了卓越的贡献。

3. D。

【课程二】恐龙知识探秘

1. 恐龙是所有陆生爬行动物中体格最大的一类，出现在地质历史的中生代时期（距今大约 2.4 亿至 6500 万年前），中生代分为三叠纪、侏罗纪、白垩纪，这三个时期地球上的气候较湿润、温度适宜，植被茂盛。最早的恐龙出现在三叠纪晚期，在环境适合、食物充足，又没有天敌的环境下，恐龙得以大量繁殖，到了侏罗纪，达到繁盛的高峰，到白垩纪时期，恐龙继续繁盛，并陆续出现不少新类别。但到了白垩纪晚期，随着地球环境的变化，白垩纪末期，地球上曾经的霸主恐龙及另外一大批生物遭到灭绝。

2. A。

【课程三】探秘莲花之旅

1. 金、黄、紫、蓝、赤、茶、绿、红、白九大色系，分深浅不同有数十种之多。

2. 最简单的区别在于，荷花的叶片表面有绒毛，且成熟叶会挺出水面，叶片为盾形、没有缺口；莲花的叶片表面油油亮亮，成熟叶不会挺出水面，而是漂在水面上，叶片为椭圆形，有“V”字形缺口。

【课程四】奇妙的南瓜

1. A。 2. A。

【课程五】温泉探秘

1. (1) 地热源；(2) 水源；(3) 地下水循环；(4) 含水层；(5) 静水压力差。

2. 按地质性质分为：火成岩区温泉、沉积岩区温泉、变质岩区温泉；按温泉的成分分为：碳酸泉、食盐泉、硫化酸盐泉、硫黄泉及放射泉等。

中国科学院海南热带海洋生物实验站研学方案

【课程一】海洋生物知识探秘

1. 玳瑁是海龟中的一种，玳瑁尖嘴，像鹰嘴，普通海龟圆头圆嘴；从背壳上看，玳瑁背壳十三张鳞片像鱼鳞似的一片搭在一片上面，可以分别揭下来，而普通海龟是一个整壳；从脖子皮肤看，玳瑁的脖子皮肤粗糙脱皮，而普通海龟光滑较细腻。

2. 珊瑚礁是分布在热带海洋的一些海岸、岛礁周围等的以珊瑚外骨骼与石质藻类、贝壳等长期堆积形成的礁体。珊瑚环礁的形成是生物作用和地壳运动等长期结合下形成的。坚硬的珊瑚礁是海岸的保护神，它们可以阻挡惊涛骇浪，护卫身后的陆地、沙滩、良田等免受侵袭，也被誉为“海上长城”。它跟红树林一样，可以减缓海啸和洪水的冲击与破坏，是一道天然的防护堤。珊瑚礁是海洋中物种最多的生态系统，也是重要的渔业资源，对全球生物多样性保护具有特别重要的意义。珊瑚礁也可减轻温室效应，还是潜水观光的重要场地。

3. 略。

【课程二】探究珊瑚养殖技术

1. 珊瑚不是植物。有新陈代谢时的珊瑚是有生命的腔肠动物，名叫珊瑚虫。它能固着在海底或岩石表面上，其管状体外壁能分泌出石灰质，用来形成包围软体的外骨骼。珊瑚虫分泌物及其骸骨构成的组合体，会形成类似树状“珊瑚树”。

2. 珊瑚虫要求生长在温暖的海水中，最适宜的温度是25—30℃，温度的最高限度是36℃，最低限度是18℃，因此，珊瑚虫只能生长在热带及暖流能达到的某些温带海洋中；珊瑚常与藻类共生，而藻类需要阳光进行光合作用。珊瑚本身既要生活在海水中，不能长时间地露于海面上，又要有足够的光线，如果水深超过20米，由于光线与热量不足，珊瑚虫就不能存活了。所以，20米是活珊瑚虫居留的最大深度。珊瑚虫要求海水具有正常或较高的盐分，以27%—40%的含盐量最为适宜，因此被河水冲淡的海边是不长珊瑚的。珊瑚虫喜欢清洁与活动的水，这样的水含有较多的氧气与养料。如果海水中有泥沙，悬浮物多，珊瑚不能呼吸，就会窒息而死。海岸带向海一侧由于波浪作用，水中溶解氧供应充足，珊瑚构成体较向陆侧更为繁盛，但是，太强的激浪亦不利于珊瑚虫生长。

3. 能提高珊瑚虫的繁殖能力，扩大养殖范围。

范本附件

研学旅行确认单范本

研学旅行计划确认单

1. 开展研学旅行的学校：__________ 班级__________ 人数_________
2. 研学旅行基地单位：____
3. 研学旅游课程：

（1）

（2）

（3）

……

4. 研学旅行时间：____
5. 住宿要求：______________________ 用餐要求：_________________
6. 费用标准：____
7. 备注：____
8. 研学旅行单位联系人：____________ 电　　话：_________________
9. 基地回执确认人：________________ 电　　话：_________________
10. 其他说明

研学活动温馨提示

1. 开展研学旅行活动前，须给学生家长发放告知书，并妥善保存家长的回执单，另须给所有学生购买人身意外险。

2. 参观时，不得喧哗、追逐打闹、攀爬博物馆内设施。

3. 在养殖基地参观水族生物时不能把手脚放入养殖池。

4. 在野生动植物园车行区参观时，不得下车，不能开窗，不得喧哗、追逐打闹。

5. 博物馆内如果标明禁止拍照，须遵守。

6. 自觉服从讲解员、安保员的引导。

7. 认真倾听讲解员的讲解，完成研学课程学习。

8. 应在学校老师组织下，有序参观与合影。

9. 应将垃圾按分类要求投放入相应的垃圾箱中。

研学旅行记录表范本

________学校研学旅行活动记录表

年　　月　　日

一、个人资料

姓名：________；性别：________；年龄：________；年级：________；综合成绩________

二、研学知识记录

____

____

____

____

三、需要完成的“知识和能力的检测”内容

（每个课程附有题目）

四、研学旅行收获和思考

____

____

____

____

五、教师的评价

1. 该生参加研学活动的积极性和纪律表现（　　）

A. 很好；B. 良好；C. 有待提高

2. 自主意识与生活能力的表现（　　）

A. 有明显提高；B. 有改进；C. 有待提高

3. 旅行文明和团队合作能力的表现（　　）

A. 很好；B. 良好；C. 有待提高

4. 该生“知识和能力的检测”的完成情况

（1）客观题的完成情况（　　）A. 优；B. 良；C. 中

（2）主观题的完成情况（　　）

A. 观点正确；有条理；B. 有思想，但表述条理有待提高；C. 未完成

5. 综合评价（多选题）

A. 能严格遵守研学期间的各项规定，积极参加活动；

B. 认真倾听，积极参与，能较好地完成各项训练任务及作业；

C. 开朗自信、乐于助人，有较强的组织能力；

D. 观察能力强，善于思考，勇于探索，富有进取心；

E. 勇于面对挑战，有坚强的意志；

F. 有时间观念，自我管理能力强，有较强的集体荣誉感；

G. 自觉维持环境卫生，有较强的环保意识。

参考文献

[1] 国家旅游局．研学旅行服务规范 LB/T 054—2016［S］.2017，5.

[2] 习近平．决胜全面建成小康社会夺取新时代中国特色社会主义伟大胜利——在中国共产党第十九次全国代表大会上的报告［R］．北京：新华社，2017：1.

[3] 宋晔，刘清东．研学旅行活动的教育学审视［J］．教育发展研究，2018（10）.

[4] 滕丽霞，陶友华．研学旅行初探［J］．价值工程，2015，34（35）：251－253.

[5] 白宏太．到广阔的世界中去学习——教育部中小学“研学旅行”试点工作调查［J］．人民教育，2014（2）：34－39.

[6] 于书娟，王媛，毋慧君．我国研学旅行问题的成因及对策［J］．教学与管理，2017（19）：11－13.

[7] 钟林凤，谭诤．研学旅行的价值与体系构建［J］．教学与管理，2017（1）：30－33.

[8] 陈光春．论研学旅行［J］．河北师范大学学报，2017（3）：37－40.

[9] 王润，张增田．研学旅行：价值取向与问题透视［J］．河北师范大学学报（教育科学版），2017（6）：90－95.

[10] 丁运超．研学旅行：一门新的综合实践活动课程［J］．中国德育，2014（9）：12－14.

[11] 朱尖．高句丽世界遗产价值评价及研学旅行利用研究［J］．资源开发与市场，2018，34（7）：1032－1035.

[12] 刘璐，曾素林．国外中小学研学旅行课程实施的模式、特点及启示［J］．课程·教材·教法，2018，38（4）：136－140.

[13] 任唤麟，马小桐．培根旅游观及其对研学旅游的启示［J］．旅游学刊，2018，33（9）：145－150.

［14］张义民．日本小学修学旅行的目的、特点及其启示［J］．教学与管理，2018（6）：57－58．

［15］吴支奎，杨洁．研学旅行：培育学生核心素养的重要路径［J］．课程·教材·教法，2018，38（4）：126－130．

［16］刘继玲．研学旅行中体验式学习评价标准开发与应用［J］．中小学教师培训，2018，386（9）：42－45．

［17］钟林凤，谭诤．中小学研学旅行安全保障体系的构建［J］．教学与管理，2018（6）：71－74．

［18］刘璐，曾素林．中小学研学旅行研究进展与反思［J］．教育探索，2018，313（1）：8－12．

［19］李臣之，纪海吉．研学旅行的实施困境与出路选择［J］．教育科学研究，2018（9）：56－61．

［20］于秀楠．中小学生研学旅行活动课程的综述研究［J］．教育现代化，2018（5）：72－273．

［21］段玉山，袁书琪，郭锋涛，等．研学旅行课程标准（一）——前言、课程性质与定位、课程基本理念、课程目标［J］．地理教学，2019（5）：4－7．

［22］郭锋涛，段玉山，周维国，等．研学旅行课程标准（二）——课程结构、课程内容［J］．地理教学，2019（6）：4－7．

［23］袁书琪，李文，陈俊英，等．研学旅行课程标准（三）——课程建设［J］．地理教学，2019（7）：4－6．

后 记

课程是对教育目标、教学内容、教学活动方式的规划和设计，是在特定的教育环境中，旨在使学生获得的、促进其迁移的、进而促使学生全面发展的、具有教育性经验的计划。研学基地为了吸引中小学生前来开展研学活动，开始思考如何利用基地的资源设计研学课程，但由于缺乏对中小学研学课程设计的了解，所推出的研学课程目标不清，内容流于形式，学生虽走出校门，来到基地后，研学活动却常常有其形无其实，研学活动课程难以达到研学教育的目的，研学旅行的价值意义难以实现。

为了规范研学基地课程的设计，让学校组织学生外出前能了解海南各研学基地的实际课程内容，让学生来到基地后，眼、耳、鼻、手、脚、脑等能真正“动”起来，并在“润物细无声”中对自然与社会有一个全方位、立体式的直观了解，获得体验式的研究性学习，学会从多个角度观察事物、辨析现象，提出并思考问题，全书围绕基地有什么资源、研学目标是什么、有哪些主题课程、课程内容是什么、活动过程需要思考哪些问题、活动后应做什么等进行了编撰。为方便学生及研学导师的学习及使用，在基地课程后还附有各基地思考问题的参考答案。

全书由唐少霞负责体例编写与大纲设计，由各基地研学项目负责人及中学老师参与收集资料及编写。唐少霞等负责统稿和编辑，周正权、甘国华、王晓健、符永权、马飞燕、陈运敏、吴多仿、于俊玲、叶华荣、华金平等负责编审。